财富增长不是以道德沦丧为代价的，经济生活中表面上的混乱无序可以通过市场主体的自我矫正而导向有序，结果是每个人都较以前更加富裕，而不是尔虞我诈，损人利己。

——亚当·斯密

目录

第一讲 导　论

历史在起作用（history matter）。

——道格拉斯·C. 诺思

内容提要：

（1）新制度经济学的研究对象；

（2）新制度经济学发展演变的基本脉络；

（3）新制度经济学关于人类行为的假定；

（4）新制度经济学的基本框架。

第一节　新制度经济学的研究对象

一、新制度经济学的研究对象

新制度经济学的研究对象是什么？简单地说就是制度，主要是经济制度。T. W. 舒尔茨在其《制度与人的经济价值的不断提高》一文中将制度定义为管束人们行为的一系列规则。科斯指出，经济学家应做的一件主要工作就是研究经济制度。道格拉斯·C. 诺思认为："制度经济学的目标是研究制度演进背景下人们如何在现实世界中作出决定和这些决定又如何改变世界。"［（美）道格拉斯·C. 诺思著《经济史中的结构与变迁》，上海三联书店 1991 年版，第 2 页。］

二、制度的重要性

制度决定着经济绩效，这正是新制度经济学为经济学家所给出的重要结论。［科斯著《新制度经济学》，载（美）科斯、诺思等著，（法）克劳德·梅纳尔编《制度、契约与组织——从新制度经济学角度的透视》经济科学出版社 2003 年。］

三、制度是经济理论的第四大柱石

把制度作为经济学的研究对象是新制度经济学对正统经济理论的一场革命。

经济理论的三大传统柱石是：要素禀赋、技术和人们的偏好。随着经济研究的深入，人们越来越认识到仅有这三大柱石是不够的。新制度经济学家以强有力的证据向人们表明，制度就是经济理论的第四大柱石，制度至关重要，制度重于技术与自然资源。

思考：在我国三十多年的改革开放过程中，是制度重要还是其他经济要素重要？

第二节 新制度经济学关于人的行为假定

本节要点：从传统经济学与新制度经济学关于人的行为的假定的比较分析中，说明新制度经济学的进步与发展。

一、传统经济学关于人的行为的假定

自亚当·斯密以来，经济学家们就把人类行为界定为追求财富或效用最大化，即人们通常所说的经济人。可以归纳为三个方面：

（1）经济人的信息是完全的、充分的；

（2）经济人的行为是理性的；

（3）经济人具有机会主义倾向，总是追求自身利益最大化。

二、新制度经济学关于人的行为的三个假定

新制度经济学对人的行为特征作了重新界定。

（一）关于人的行为动机的假定

新制度经济学表明，人类行为动机是双重的。

新制度经济学家揭示了人类行为与制度的内在联系，制度是人类行为所要求和创造的。人类历史上制度创新的过程，实际上就是人类这种双重动机均衡的结果。

制度在塑造人类这种双重动机方面又起着至关重要的作用。

（二）人的理性是有限的假定

新制度经济学关于人的行为第二个假定涉及人与环境的关系，即有限理性。人的有限理性概念的提出，改变了新古典范式的假定。

（1）诺思的认识：人的有限理性包括两个方面的含义：一是人们面临的环境的复杂性和不确定性，因此所获得的信息也就不完全；二是人对环境的计算能

力和认识能力是有限的，人不可能无所不知（哈耶克也有相似的观点，见其《致命的自负》）。

（2）威廉姆森把理性分为三个层次：一是强理性，即预期收益最大化；二是弱理性，即有组织的理性；三是中等理性，介于以上二者之间。［（美）奥利弗·E. 威廉姆森著《资本主义经济制度——论企业签约与市场签约》商务印书馆2002年，第68页。］

（3）人的有限理性是制度设立的一个重要原因。人的有限理性使得每个人对环境反应所建立的主要模型也就大不一样，从而导致人们选择上的差别和制度规则上的差别。

（4）“有限理性”与“不完全信息”的关系：西蒙认为人类要求获取信息之原动力乃是人类灵魂深处渴望更好地与他们的世界打交道的企求。这里存在一个信息悖论（information paradox）。信息搜寻不可能达到最佳状态，因为信息的价值不可能在获得它之前得到评估。这一事实构成了一个陷阱，它使信息搜寻成为一项有风险的活动，从而大大地限制了人们对信息的搜寻。信息成本一旦发生，那就是沉没成本（sunk cost）。

在现实世界中，信息还具有不对称的特征。所谓不对称是指，交易双方对交易品所拥有的信息数量不对等。

信息不对称分事先的信息不对称和事后的信息不对称，事先的信息不对称就是“隐藏行动”，事后的信息不对称问题已被称为“道德风险”。

（三）人的机会主义倾向（opportunism）的假定

1. 新制度经济学与新古典经济学的区别主要有

新古典经济学是分析交易双方在一种确定的环境下、在完全信息的情况下追求自身利益最大化，所以亚当·斯密所描述的那一只“看不见的手”确实能增进社会福利。

新制度经济学所分析的是交易双方在一种不确定的环境下、在不完全信息的情况下追求自身利益最大化，其行为和结果要复杂得多。所以，新制度经济学就特别强调制度、法律、产权及组织治理结构在经济运行中的作用。

2. 机会主义的存在是交易费用产生的根源

所谓人的机会主义倾向是指在非均衡市场上，人们追求收益内在、成本外化的逃避经济责任的行为。在经济交易中，行为不确定的根源就在于投机。由这个假设我们可以作出一个基本推论：如果交易——合约双方仅仅建立在承诺的基础上，那么未来的风险是很大的（威廉姆森）。

损人利己的行为可分为两类：一类是在追求私利的时候，“附带地”损害了他人的利益，如化工厂排出的废气污染了环境。这是我们将在后面专门讨论的外部性问题。

另一类损人利己的行为则纯粹是“人为的”、“故意的”，纯粹是以损人利己为手段来为自己谋利，其典型的例子就是“偷窃”和“欺骗”。

在实际经济生活中，人并没有界限分明地划为两类（道德高尚与自私自利）。人的机会主义行为倾向也是人类社会各种制度产生的一个重要来源。

三、制度、规则与人

要点：制度、品德与人的行为之间的关系

（一）制度约束人的行为

新制度经济学所讲的制度，有几个特点：一是公平性，它至少是符合大多数人利益的；二是效率性，没有效率的规则是不可能长期存在下去的；三是对人的行为约束是基于人有机会主义行为倾向的一面。

一个有效的制度，在有人做得不好的时候（或违规）会处罚人；在有人做得好的时候，能奖励人。总之，制度具有激励功能和约束功能。任何制度都是一定社会条件下的产物。制度约束着人的行为。

（二）在现代社会里，制度比人品更重要

第一，由于信息不对称，我们在选择干部时，不可能了解该人所有的信息（包括其品德、才能等），因此，我们不可能总是把最优秀的人才选择到领导岗位上来。

第二，任何人都有追求自身利益最大化的动机，人品好的人也不例外。在一个好的制度里，品行并不是很好的人也得好好干，否则，随时有可能被淘汰出局；在一个不好的制度里，品行较好的人也可能不好好干，在这个制度里，不好好干有可能更有利（邓小平，1982）。

（三）品德和制度构成人的行为的双重约束

强调制度比人品更重要，并不是否定人品在社会经济活动中的作用。其实这两者是相互联系、相互促进的。好的人品有利于制度的实施，并可以大大地降低制度运行的费用；反过来，制度可以促进人的品德的进步和提高，具有约束力的制度能有效地规范人的行为，减少人与人之间的摩擦和矛盾。

同样是对人的约束，人品对人的行为的约束是无形的、软的，而制度对人的行为的约束是有形的、硬的；人的自律是一种自我（内在）约束，而制度是一种社会（外在）约束。

思考与分析：中国国企等的“59 岁现象”中的制度与人品。

（四）制度的差异导致效率的差异

发展中国家与发达国家的差异主要是一种制度上的差异，也就是讲，发展中国家在制度（包括法律制度等）上落后于发达国家。制度瓶颈使发展中国家的各种要素难以通过市场机制有效地配置。制度的完善不仅有利于经济活动的有效运作，也有利于人品的提高。制度并非是万能的，但是在我国市场化改革过程中，我们最缺乏的是具有激励功能和约束功能的制度。

（五）有制度就必须遵守，守则能降低交易成本

遵守规则包括人们的规则意识、对规则的认同程度及实现规则的行为等。

在我国人们尊重规则的意识还较淡薄。这主要表现在三个方面：

一是中国人都希望找到规则的漏洞，并利用这个漏洞使自己的收益最大化；二是希望规则对别人是硬的，规则对自己是软的；三是有利时遵守规则，没有利时不遵守规则。

例：人人遵守交通规则带来的通行效率

第三节　新制度经济学的方法

一、新制度经济学的方法论及其特征

要点：新制度经济学在方法论上与主流经济学的比较

1. 相同之处仍采用边际分析理论的一般方法

2. 与主流经济学差别的主要表现

一是从抽象（完美）的世界到真实的世界；二是创立了产权/交易成本理论并成为研究制度问题的新方法；三是由于制度分析的目的，一些重要的变量被引入了正统的生产和交换理论中：

（1）方法论上的个人主义。

（2）效用最大化。新制度经济学所讲的约束条件比新古典经济学所讲的约束条件要丰富得多。

（3）有限理性。新制度经济学要研究真实的世界，就必须修正正统经济学对人的假设。任何合同都是有局限性的，或不完全的。

（4）机会主义。用威廉姆森的话说，就是存在“欺诈性地追求自我利益”

（Self—seeking with Guile）。由于把机会主义者和非机会主义者在事前区分开来的成本一般很高，完全合同肯定要失败。

（5）技术效率。新制度经济学认为，如果效率标准是发生在假想边界上，那么在现实世界中，所有的生产选择肯定都是缺乏效率的。

（6）信息结构。新制度经济学的一个主要观点是，必须认识到交易成本大于零这一事实。一旦假定交易成本为正，传统上作为不变量（给定或已知）的因素不再被认为是客观给定的了。

二、科斯革命与新微观经济学

要点：对新制度经济学的评价或贡献

（一）科斯革命

有人把科斯理论称作为一场革命，并把其与凯恩斯革命相比，还认为，科斯理论应当比凯恩斯理论更具有生命力。然而，科斯革命远没有凯恩斯革命“红火”。有这样几个原因：第一，正统经济学家们不愿意看到大量积累和智力资本被废弃和毁灭；第二，新理论突破的困难；第三，凯恩斯理论与科斯理论相比，更容易模式化、公式化。

（二）新微观经济学

目前，数量越来越多的经济学家开始相信科斯的理论必定是现实而有效的微观经济理论的一个基础性组成部分。有的学者认为，把科斯理论称作为“新微观经济学”更恰当。

（三）对新制度经济学贡献的正确评价

把新制度经济学称为新微观经济学并不能充分体现新制度经济学对经济学发展的贡献。新制度经济学并不仅仅是拓展了新古典经济学的研究范围，而是从更深层次上（包括对人的假设的改变等）改变了微观经济分析结构。

新制度经济学对当代西方经济学的主要贡献：一是完善新古典经济学的自身，如把一些思想模型化等；二是在新古典经济学的前提上做文章，主要是改变其假设条件，如从零交易成本假设到交易成本为正的转变，从抽象掉产权到引入产权的分析，从完全信息到不完全信息的转变，从完全契约到不完全契约的转变等；三是把新古典经济学拓展到其他领域的研究，如贝克尔用经济学分析婚姻、家庭、犯罪等，布坎南等用经济学分析政治、宪法、政府等问题，诺思用经济学的观点重新分析历史，创立了新经济史学等。

新制度经济学的缺陷：抵制“完全形式化”的方法很难使新制度经济学融入主流经济学之中。新制度经济学的特例分析具有局限性。我们所需要的是既接触制度现实，同时又在分析框架上与标准微观经济学相一致的模型。

第四节 新制度经济学的产生与一般性

本节要点：主要代表人物、产生的历史背景及新制度经济学的一般性表现。

一、新制度经济学的产生

（一）主要学者和学派

（1）弗里德里希·冯·哈耶克及其他奥地利学派的学者；

（2）罗纳德·科斯，他使经济学家注意到了交易成本的各种后果，他把交易成本及产权引入到经济分析之中，从而大大地提高了经济的解释力；

（3）詹姆斯·布坎南及其他“公共选择”学派的理论家；

（4）经济史学家，如道格拉斯·诺思，他通过分析以往的经济发展发现了制度的重要性；

（5）此外，像威廉·维克里那样的经济学家，他揭示了人具有有限而非对称信息的后果。这些作者分别在 1974 年（哈耶克）、1986 年（布坎南）、1991 年（科斯）、1994 年（维克里）获得诺贝尔奖，此后又有奥利弗·威廉姆森、埃莉诺·奥斯特罗姆（2009）获奖。

（二）产生的原因

（1）现实经济发展和理论发展的需要。

（2）新制度经济学的产生、发展与经济的全球化密切相关。

（3）大量经济转型国家的存在及其这些国家对制度经济学的需要。

二、新制度经济学的一般性

第一，制度因素在社会经济中的重要性及其作用，东西方都是一样的。新制度经济学的分析表明，制度短缺或制度供给的滞后同样会制约经济发展。制度具有“资产专用性”且难以移植，制度短缺不能由其他生产要素来替代。同样的生产要素在不同国家效率的差异实质上也就是一种制度的差异。如各国工资水平差异主要是制度导致的。

第二，制度分析方法适用于所有国家。制度分析实质上是人的行为分析、利益矛盾分析、人与人关系（生产关系）分析的总称。制度分析实质上是马克思用于分析资本主义经济的基本方法之一。新制度经济学家在制度分析方面深受马克思历史唯物主义的影响。新制度经济学的制度分析尽管从马克思理论那里“吸收”了“营养”，但与马克思的制度分析又不同。

这种不同主要表现在，马克思的制度分析是建立在劳动价值论的基础之上的，而新制度经济学的制度分析是建立在新古典理论的边际效用价值论基础之上的；马克思的制度分析强调了不同阶级利益的矛盾以及制度变迁的革命道路，而新制度经济学家的分析则以人类（个人和集体）选择的合理性这一基本假设为出发点并强调了制度变迁的渐进性与改良。如何在对中国经济问题的制度分析过程中发展马克思的制度分析，新制度经济学家们的做法无疑会给我们有益的启示。

第三，西方新制度经济学家揭示的制度规律实际上也就是市场经济制度产生、发展、完善的历史。市场经济制度的基础性制度是排他性产权制度。除基础性制度以外，还有与市场经济“配套”的一系列制度“设施”。各经济主体因为有它们才能够实现规模经济（股份公司、合伙），鼓励创新（专利法制度），提高各要素市场的效率（圈地运动、废除农奴制）提高交易效率的制度（货币）或弥补市场的缺陷（保险公司）。这些制度化的设施起到提高生产效率的作用。

第五节 新制度经济学的流派渊源关系及发展趋势

本节要点：新制度经济学的基本框架及特征；新制度经济学与新古典经济学、近代制度学派、马克思的制度分析之间的关系；新制度经济学的发展趋势和前沿研究。

一、新制度经济学的基本框架及特征

（一）基本框架

1. 新制度经济学的基本框架可以从三个层次去勾勒

这主要取决于哪些变量被看作是内生的。在第一层次，产权结构和组织形式被明确模型化，但被看作是外生性的，而且主要强调他们对经济产生的影响。

在第二层次，组织交换的活动被内化，但是产权的基本结构仍是外生的。企业内部的交换，通过正式市场的交换，以及非市场情况下的交换等，是通过能约束经济各方的契约来组织进行的。

在第三层次，人们试图通过引进交易成本概念而把社会、政治规则以及政治

制度结构内生化。

新制度经济学还是当今许多经济学流派或理论的一种“综合”。新制度经济学的分支学科有交易费用经济学、产权经济学、经济分析法学、新经济史学等。这些分支学科从不同侧面揭示了与制度有关的问题。

2. 新制度经济学重点关注的问题

①制度的构成与制度的起源；②制度变迁与制度创新，包括制度需求与制度供给；③制度、产权与国家理论；④制度与经济发展的相互关系。自科斯以后，交易费用是新制度经济学的另一个非常重要的元素。威廉姆森关心的是产权和交易费用研究体系，也就是以科斯理论为基础的一脉。

（二）新制度经济学的特征

威廉姆森把新制度经济学的重要特征概括为四个方面：

（1）新制度经济学充分假设，制度有深刻的效率因素。也就是说，不同制度下经济组织绩效是不一样的。

（2）新制度经济学坚持认为资本主义（市场）经济制度的重要性，不仅在于技术本质，而且还在于管理方式结构，后者带来不同的经济类型中信息传递、激励和分权控制的区别。

（3）新制度经济学用的是比较方法，一种可行的形式与另一种相比，而不是与抽象的无磨擦的理想形式相比较。比较中的基本概念就是交易成本。

（4）新制度经济学认为，经济组织的中心问题，归本求源是人类活动者的行动属性，行为假设被看作是现实中的重要部分，这个层次的严重失败将导致制度经济学的危机。

二、新制度经济学与新古典经济学的关系

（一）新古典经济学

新古典的含义：有趣的是近代制度经济学的代表人物之一凡勃伦最先使用“新古典”这个词，他用这个词概括马歇尔和马歇尔经济学的特点。新古典经济学一方面继承了古典经济学的许多经济思想，另一方面又加进了边际理论。边际理论的核心，一方面是方法上的个人主义，另一方面是源于主观价值论的边际生产力分配论。

新古典经济学的缺陷：目前，新古典模型已日趋僵化，或者说对现实问题缺乏解释力。这一模型的僵化主要体现在它限制了对许多特定的很有意义的方向作进一步探索。思拉恩·埃格特森指出了被新古典经济学家所忽视的三个研究领域：

(1) 各种可供选用的社会法规（产权）和经济组织如何影响经济行为、资源配置和均衡结果?

(2) 在同样的法律制度下，经济组织的形式为什么会使经济行为发生变化?概而言之，企业以及其他一些经济契约的经济逻辑是什么?

(3) 控制生产与交换的基本社会与政治规则背后的经济逻辑是什么? 它们是如何变化的?

(二) 新制度经济学的修正

1. 抛弃了新古典微观经济学的部分硬核，修正了保护带

拉卡托斯（1970）将一份研究纲领分为两个组成部分：纲领的不变的硬核和它可变的保护带。稳定性偏好、理性选择和相互作用的均衡结构构成了微观经济学范式的内核，它成了20世纪经济学主要的研究纲领。

它的保护带按照努森（1986）的说法可以分成三个部分：①主体面临特定的环境约束；②主体拥有特定的关于环境的信息；③研究特定的相互作用的方式。新制度经济学通过引入信息和交易成本以及产权的约束，修正了新古典经济学的保护带。他们抛弃了新古典经济学的一些硬核，如理性选择模型。

2. 新制度经济学对新古典微观经济学修正的共同的内在一致性

首先，他们都试图将规则的限制和约束交易的契约纳入经济模型，而且新古典模型中的理想产权结构也被作为基本的标准而加以确认。

其次，新古典经济学中关于完全信息和交易无成本的假设也被放宽，正的交易成本的影响得到了广泛的研究。在交易成本为正的世界里，产权、企业、契约、组织、法律及制度就极为重要了。

第三，对于有价值的商品仅存在两方面的特征——价格和数量的假设被放宽，经济产出的内在意义以及与商品和劳务的质量有关的经济组织方式得到了研究。[（冰）思拉恩·埃格特森《新制度经济学》商务印书馆1996年，第10—12页。]

3. 新制度经济学与新古典经济学的关系可以概括为：既有联系，又有区别

联系体现在方法论上。新制度经济学利用新古典经济学的理论和方法去分析制度问题，但是这种利用并不是一种简单的、照搬式地应用，而是一种有修正、有发展的运用。它所保持的是稀缺性的基本假设和由此产生的竞争和微观经济理论的分析工具。它所修改的是理性的假设。它所引入的是时间维度。

区别表现在基本假设和对现实的解释力上。新古典经济学的基础是一些有关理性和信息的苛刻假设，它隐含地假设制度是既定的。制度经济学与法学、政治学、社会学、人类学、历史学、组织科学、管理学和道德哲学都有重要的联系。新制度经济学对新古典经济学的修正和发展主要体现在以下几个方面：

(1) 关于人的行为假设。新制度经济学是要用“现实的人”、“实际的人”来代替新古典经济学的“理性的人”。

新制度经济学对人的行为假设的修正有两个方面的重要意义，一是对实际人的行为分析使经济学更具有了“解释力”。二是从实际的人出发更有利于对制度问题的分析。

(2) 关于交易费用、产权、制度、组织等的引入等。新制度经济学的基本理论工具是交易费用理论和产权理论。有了交易费用理论和产权理论，我们就可以解释经济发展和制度变迁中的许多问题。

三、新制度经济学与近代制度学派的关系

(一) 近代制度学派的贡献和缺陷

贡献：近代制度学派是指二次世界大战之间，以康芒斯、凡勃伦、加尔布雷斯等美国制度主义学者为代表的学派。近代制度学派一直执行着双重职能：即一方面提供对主流新古典学派的经济学批判；另一方面，提出关于经济的以及进行经济研究分析的一个可供替换的概念体系。近代制度学派认为经济体系的组织和控制问题，即经济体系的权力结构应该摆在经济研究的第一位，市场中的经济问题。近代制度学派的思想的主要特点是它的整体主义和进化主义。

近代制度学派内部也存在差异：凡勃伦—艾尔斯传统集中注意技术的进步作用和制度的约束作用；康芒斯传统则较少迷恋于技术的责任，而看待作为集体行动方式的制度则更中立些；两者都承认实际经济成就特别是技术和制度的一个函数。尽管他们有分歧，但有制度分析的共同核心。

缺陷：近代制度学派没有理论框架。在二次世界大战之间，制度主义实际上是美国经济思想中的主导派。它之所以把阵地丧失给了新古典形式主义，部分是因为它忽视了它自己的任务——发展基本理论。近代制度经济学的悲剧就在于他们没有留下什么理论工具（或范式）供别人或后人去使用。

(二) 近代制度经济学与新制度经济学的关系

近代制度学派关于制度、交易等问题的分析对新制度经济学产生过重要影响，但两者又有很大的差别：

第一，价值判断标准不一样。近代制度学派从来就是以现实的资本主义社会的批判者和想象中的未来社会的设计者的身份出现的。而新制度学派则是以人类选择的合理性这一基本假设为基础的。

第二，研究范围不同。近代制度学派指责正统经济学的范围过于狭小，但其研究范围过大，从而丧失了明确的研究对象。这是近代制度学派不能形成系统的经济学理论的重要原因。新制度经济学派在把新古典学派拓展到制度问题的研究上要理智得多。

第三，近代制度学派的观点不是理论性的，而是反理论的，他们尤其反对新古典理论。而新制度经济学则利用新古典理论去分析制度与现实问题。

第四，研究对象不同。近代制度学派主要以资本主义制度为研究对象，缺乏一般性。而新制度学派更具有一般性，其原理对发达国家与发展中国家都适用。

四、马克思的制度分析与新制度经济学的关系

诺思说，“在详细描述长期变迁的各种现存理论中，马克思的分析框架是最有说服力的，这恰恰是因为它包括了新古典分析框架所遗漏的所有因素：制度、产权、国家和意识形态”。

马克思理论及制度分析法对西方新制度经济学的影响主要表现在以下几个方面：

（1）马克思的科学方法论对新制度经济学的影响。这包括马克思关于生产力与生产关系相互作用的原理、经济基础与上层建筑相互作用的原理以及马克思逻辑与历史相统一的方法等对新制度经济学的形成都有重要影响。

（2）马克思注重制度分析并把制度作为社会经济发展的一种内生变量。在马克思的理论中，制度因素是社会经济发展中的内生变量，而不是独立于社会经济发展之外的。马克思揭示的生产关系一定要适应生产力的规律能够有效地解释人类社会经济发展的变迁过程。新制度经济学从马克思的历史观那里得到了许多启发。新制度经济学家尤其意识到，在人类历史的长期变迁的分析中更不能离开制度分析。

（3）马克思历史唯物主义框架对新制度经济学体系的形成产生了重要的影响。新制度经济学在对制度问题的分析中发现，马克思对社会经济发展问题的分析框架是最有说服力的。有人认为，西方新制度经济学实际上是在马克思的分析框架内引入了新古典经济学的分析方法。抽象掉生产关系与制度的演变来分析经济的运行，这是西方正统经济学的问题所在。新制度经济学要寻找回的就是被正统经济学家们忽略掉了的制度问题、产权问题、国家问题甚至意识形态问题。

五、新制度经济学的发展趋势与前沿问题

1. 从新制度经济学近些年的研究文献来看，新制度经济学的发展呈现出以下趋势

（1）是向公式化、模型化方面发展。新制度经济学要融入主流经济学中去，就必然有一个公式化、模型化及定量分析的问题。目前博弈论、信息经济学等分析已经大量用于新制度经济学的分析中。但是，新制度经济学不能过分地公式化、形式化及模型化。

（2）是用制度经济学的理论和方法解释历史上的经济发展，从而弥补新古典经济学的不足。在解释长期经济发展和制度变迁方面，马克思历史唯物主义和新经济史学比新古典经济学更有说服力。道格拉斯·C. 诺思有句名言：历史在起作用（history matter）。由此引申的具体含义是，现在的以及面向未来的选择决定于过去已经作出的选择。

格雷夫（1998）建议在运用均衡观点分析制度时，可采用以下分析程序处理历史信息：①以历史和比较知识为基础，首先区分出哪些技术和制度因素可以看作是“外生的”，哪些制度因素需要当作“内生变量”即需要解释的变量；②建立对应特定背景的博弈论模型，其中哪些被界定为外生变量的因素定义了博弈的外生规则，然后解出所有的均衡解；③考察是否存在一些均衡解有助于解释内生性制度的性质；④研究哪些“历史”因素促成了对特定均衡解的选择，由此确定历史对制度形成的作用。[转引自（日）青木昌彦《比较制度分析》上海远东出版社 2001 年，第 18 页。]

（3）是注重制度差异的比较研究，如比较制度经济学的兴起，转型经济学的发展等。比较经济学的传统领域是比较社会主义与资本主义，而“新比较经济学”则是在研究转轨的经验和亚洲金融危机的基础上产生的。

在外国，研究经济转轨有两种主要方式，一种方法是使用内生交易费用的正式模型分析经济转轨，清楚地说明假设和预测，具有正式模型的所有优势。其代表人物有德瓦特里邦和罗兰（Dewatripont and Roland，2000）、麦克米兰（McMillan，1996）及布兰查德（Blanchard，1999）等。

另一种研究包括以拉迪（Lardy，1998）为代表的对制度和政策变化及政策等的经济后果的非常注意细节的文件记录，和以诺思（North，1997）、诺思和温格斯特（North and Weingast，1989）、萨克斯和胡（Sachs and Woo，1999）为代表的对政策与历史的描述性分析。

新比较经济学在过去十多年里突飞猛进。新比较经济学的主题就是比较这些

制度及其效果，并理解在一定环境中何种制度是适宜的。新比较经济学强调制度的差异性。新比较经济学试图在一个统一的博弈论框架下分析制度多样性的源泉和影响，从该框架出发考察制度的相互依存性可能会得出制度安排的多重性、次优性和帕累托不可比性（Pareto-unrankable）。新比较经济学也和公共选择理论一样强调政治。国家之间大多数重要的制度差异都源于政府的差异。

（4）是用制度分析探讨经济发展问题。早期发展经济学的理论导致了国家主导型发展政策。但是发展中国家的经济实践证明，发展中国家从贫穷走向富裕的最大障碍，不是缺乏资金与技术，而是缺乏一种有效的制度。用制度分析探讨经济发展的根源及发展过程是当代经济学的一个热门分支。

2. 有人把新制度经济学的前沿问题主要归纳为以下几个方面

（1）新制度经济学与其他社会科学之间的关系。它们能否相互渗透，能否相互交融，同时是不是像诺思所讲的那样，新制度经济学能统一社会科学。

（2）关于新制度经济学的方法论。一是个人主义。二是反设事实，科斯、诺思在论述经济学发展走向时，对反设事实的方法论甚为推崇。近来，新制度经济学方法论上的最新进展是解析性叙述（Analytic Narratives）。

（3）互惠制度的形成。研究产权、交易费用、公共选择及新经济史等问题都涉及互惠制度是怎样形成的问题。有人把这称之为制度的微观基础研究。不少学者认为，所谓经济人还需要更为具体化的研究，人类的行为演化和互惠行为之间是一种“同等的互惠关系”和“同等经济主义”。

（4）演化制度分析，也就是把演化论纳入制度变迁分析中来。制度最好被认为是无数互动的个体行动的无意识的结果。新制度经济学将集中于把选择机制作为经济变迁的来源来研究。在分析的层次上，较高层次的总量现象的变化通常可由较低层次的分析单位来解释。

（5）国家理论。新制度经济学中有诺思、巴泽尔等人的国家理论，在巴黎新制度经济学年会上举行的纪念奥尔森的专题会议上，许多人提出按照奥尔森的思想，用现代制度的构建、演化和分析方法来构建一个新制度主义的国家理论。

（6）技术变迁与制度变迁的关系。以上是新制度经济的几个前沿问题。新制度经济学最重要的学科基础是微观经济学基础。从某种意义上讲，新制度经济学是把新古典经济学丢掉的古典经济学的一些传统“捡”回来。

基本概念：

新制度经济学　有限理性　不完全信息　机会主义

思考：

1. 新制度经济学的研究对象是什么？
2. 新制度经济学关于人的行为有那些假定？
3. 新制度经济学的方法论是什么？
4. 如何认识科斯革命？
5. 新制度经济学的发展趋势和前沿问题是什么？

推荐阅读：

1. 埃格特森：《新制度经济学》，商务印书馆 1996 年版，第 1 章。

2. 科斯：《新制度经济学》；诺思：《经济学的一场革命》；沃因：《科斯和新微观经济学》，载于《制度、契约与组织》，经济科学出版社 2003 年版。

第二讲　新制度经济学的基本原理 I：交易费用范式

"科斯定理"：若交易费用为零，无论权利如何界定，都可以通过市场交易达到资源的最佳配置。

内容提要：

（1）交易费用的含义及其存在的原因；

（2）交易费用的测量问题；

（3）交易费用理论及其应用。

交易费用理论和产权理论是新制度经济学的基本理论工具。

第一，交易费用范式构成了新制度经济学的理论框架；没有交易费用就没有新制度经济学。第二，按照产权经济学的看法，经济学的核心问题不是商品买卖，而是权利买卖。

在制度变迁和制度创新中，产权都是重要的变量；所以从交易成本和产权入手是我们理解制度运行和制度构成的关键。

第一节　交易费用的含义及其存在的原因

本节要点：交易的一般化概念，不同学者对交易费用的界定，交易费用存在的原因分析。

一、交易费用的含义

（一）制度经济学“交易”的一般化

近代制度经济学的代表人物之一康芒斯将“交易”概念一般化了。按照他的划分，“生产”活动是人对自然的活动，“交易”活动是人与人之间的活动。“生产”活动和“交易”活动共同构成了人类的全部经济活动。这种“交易”活动被康芒斯视为“制度”的基本单位，也就是说，“制度”的实际运转是由无数次“交易”构成的。

在其《制度经济学》中，康芒斯将“交易”分为三种基本类型：

（1）买卖的交易，即平等人之间的交换关系；

（2）管理的交易，即上下之间的交换关系；

（3）限额的交易，主要指政府对个人的关系。

这三种交易类型覆盖了所有人与人之间的经济活动。康芒斯的伟大贡献在于，将过去人们认为不相干的一些事情，通过“交易”这个一般化的概念联系和归纳在一起。不同的经济制度不过是这三种交易类型的不同比例的组合。把制度运行与交易联系在一起是康芒斯对经济学发展的一个重大贡献。但是康芒斯所采用的分析方法，并不是经济学的方法，而主要是哲学、法学、社会学和心理学的方法。

（二）交易费用的含义

1. 科斯对交易费用的界定

交易费用的思想最早来自科斯［参见《企业的性质》（1937）］，他认为在成功地进行一项交易之前，要花代价做一些“事前的工作”，交易费用越低，交易就容易进行；反之，“交易费用过高会使交易无从发生”。科斯认为，交易费用是获得准确的市场信息所需要付出的费用，以及谈判和执行契约的费用。

科斯的核心思想是：

（1）提出零交易成本的局限性；

（2）研究存在交易成本的社会；

（3）由于经济组织的理论假设与现实是不相符的，以及所有可行的组织形式都是有缺陷的，他主张通过比较制度分析考察可行的组织形式之间的相互替代；

（4）上述行为决定于对契约、契约过程和组织详细的微观分析研究。［（美）科斯、诺思等著，（法）克劳德·梅纳尔编《制度、契约与组织——从新制度经济学角度的透视》经济科学出版社 2003 年，62—63 页。］

2. 阿罗和威廉姆森的对交易费用的认识

阿罗（1969）是第一个使用“交易成本”这个术语的人，他声称，“市场失灵并不是绝对的；最好能考虑一个更广泛的范畴——交易成本的范畴，交易成本通常妨碍——在特殊情况下则阻止了市场的形成”；这种成本就是“利用经济制度的成本”。它包括①信息费用和排他性费用；②设计公共政策并执行的费用。

威廉姆森认为，交易费用分为两部分：

一是事先的交易费用，即为签订契约，规定交易双方的权利、责任等所花费的费用；

二是签订契约后，为解决契约本身所存在的问题、从改变条款到退出契约所花费的费用。事后的交易费用包括：

(1) 当交易偏离了所要求的准则而引起的不适应成本；

(2) 倘若为了纠正事后的偏离准则而作出了双边的努力，由此引起的争论不休的成本；

(3) 伴随建立和运作管理机构而来的成本，管理机构也负责解决交易纠纷；

(4) 安全保证生效的抵押成本；

(5) 交易费用概念扩展到包括度量、界定和保证产权（即提供交易条件）的费用，发现交易对象和交易价格的费用，讨价还价的费用，订立交易合约的费用，执行交易的费用，监督违约行为并对之制裁的费用，维护交易秩序的费用，等等。

3. 迈克尔·迪屈奇和张五常对交易费用认识

迈克尔·迪屈奇把交易费用定义为三个因素：调查和信息成本、谈判和决策成本以及制定和实施政策的成本［（美）迈克尔·迪屈奇著《交易成本经济学》经济科学出版社 1999 年，第 44 页］。

张五常认为，交易成本是衡量和明确交易单位特征和实施契约的成本。

张五常还将交易费用的概念扩展为"制度费用"——交易费用"是一系列制度费用，其中包括信息费用、谈判费用、起草和实施合约的费用、界定和实施产权的费用、监督管理的费用和改变制度安排的费用"。也就是说，"交易费用包括一切不直接发生在物质生产过程中的费用"，或者"一切不存在于鲁宾逊一人世界中的费用"。

4. 巴泽尔、E. 菲吕伯顿和 R. 瑞切特对交易成本的认识

巴泽尔把交易成本定义为与转让、获取和保护产权有关的成本（巴泽尔《产权的经济分析》上海三联书店 1997 年，第 3 页）。一般地说，交易费用是个人交换他们对于经济资产的所有权和确立他们的排他性权利的费用。

E. 菲吕伯顿和 R. 瑞切特是这样认识交易成本的：

交易成本包括那些用于制度和组织的创造、维持、利用、改变等所需资源的费用。我们可以将其细分为：

(1) 考虑到存在着的财产和合同权利时，交易成本包括界定和测量资源以及索取权的成本，并且还要加上使用和执行这些权利的费用。

(2) 应用到现存财产权的转移以及合同权利在个人（或法律实体）之间的建立和转移时，交易成本还包括信息、谈判和执行费用。

或者细分为：

(1)"市场交易成本"即利用市场的费用；

（2）“管理性交易成本”——在企业内部行使命令这种权利的费用；

（3）“政治性交易成本”，一组与某一政治实体的制度结构的运作和调整相关的费用。

对于这三种交易成本的任何一种来说，可能通过这样两个变量来识别：（1）“固定”交易成本，即在建立制度安排中所发生的专用性投资；（2）“可变的”交易成本，即取决于交易数量的费用。［（美）科斯、诺思等著，（法）克劳德·梅纳尔编《制度、契约与组织—从新制度经济学角度的透视》经济科学出版社2003年，第43页。］不同制度安排下的专用性投资是不一样的，如契约经济下的专用性投资比关系经济下的专用性投资要高得多，但是在契约经济下可变的交易成本可能要比关系经济下的可变的交易成本要低得多。

5. 马修斯和T. 爱格斯顿的观点

马修斯（1986）提供了这样一个定义：交易费用包括事前准备合同和事后监督及强制合同执行的费用，与生产费用不同，它是履行一个合同的费用。交易费用与经济理论中的其他费用一样是一种机会成本，它也可分为可变成本与不变成本两部分。

T. 爱格斯顿观察到“在通常的术语中，交易成本就是那些发生在个体之间交换经济资产所有权的权利、并且执行这些排他性权利过程中的费用。关于交易成本的确切定义并不存在，但是在新古典模型中的生产费用同样也没有被确切定义过”。

二、交易费用存在的原因

（一）人的本性决定交易费用的存在

威廉姆森说，人的本性直接影响了市场的效率。他认为，人们机会主义本性增加了市场交易的复杂性。因此，交易过程中发生在商检、公证、索赔、防伪中的费用即交易费用就会增加，影响了市场的效率。威廉姆森用资产专用性解释交易成本的起源，再由交易成本而研究各类合同，从各类合同中发现相应的治理结构，由此考察各种经济制度，再从效率上对这些制度进行比较。

因此，威廉姆森认为，交易费用的存在取决于三个因素：受到限制的理性思考、机会主义以及资产专用性。资产专用性是指耐用人力资产或实物资产在何种程度上被锁定而投入一特定贸易关系，因而也就是在何种程度上他们在可供选择的经济活动中所具有的价值。资产专用性的高水平意味着双边垄断的存在。

（二）人们行为的不确定性决定交易费用的存在

加林·库普曼斯把不确定性区分为原发的和继发的两类，并认为社会经济组织中的核心问题，其实就是如何面对、如何解决不确定性的问题。原发的不确定性就是那些随机发生的问题，而继发的不确定性则产生于缺乏信息沟通，也就是说，一个人在作出决策时，无从了解其他人同时也在作的那些决策和计划。[（美）奥利弗·E. 威廉姆森著《资本主义经济制度——论企业签约与市场签约》商务印书馆 2002 年，第 85 页。] 奈特说，市场经济的实质不是风险，而是不确定性。如果是在一个确定的环境里，交易费用也就不存在了。

（三）与个体间产权交易有关的各种行为导致了交易费用的产生

（冰）思拉恩·埃格特森认为，一个生活在荒岛上的个人在进行他的"家庭生产"的时候，要遇到信息费用问题，但他并不进行交易因而不会有交易费用。当信息是有成本的时候，与个体间产权交易有关的各种行为导致了交易费用的产生，这些行为包括：①寻找有关价格的确切信息。②在价格是内生的时候，为弄清买者和卖者的实际地位而必不可少的谈判。③订立合约。④对于合约对方的监督以确定对方是否违约。⑤当对方违约之后强制执行合同和寻求赔偿。⑥保护产权以防第三者侵权。例如，防御海盗或在非法交易时对政府的防范。[（冰）思拉恩·埃格特森《新制度经济学》商务印书馆 1996 年，第 17 页。]

三、交易成本的影响

张五常认为交易费用的存在至少有三个可预知的效应：第一，它们会减少交易量，因而会损害资产的经济专门化和资源的利用。过高的交易费用使许多潜在的交易难以转化为现实的交易，这会导致社会财富的净损失。第二，它们可能会影响资源使用的边际等式和使用的密集度。第三，它们会影响合约安排的选择。在不同的交易费用下，合约安排的选择是不一样的。

第二节　交易费用的测量

本节要点： 总量交易费用和每笔交易费用的测量及两者体现的制度效率差异；关系经济与契约经济的交易费用的比较。

引言　交易费用测量的争议

交易费用测量的争议来自以下几个方面：

第一，交易费用概念定义的差异是引起测量争议的一个原因。

第二，测量的目标不一样。有些交易的费用是容易测量的，有些测量比较困难。

第三，由于生产和交易成本是被联合决定，这导致对交易成本的单独估计变得相当困难。

第四，如果交易成本非常高，许多种交易可能根本就不会发生。

第五，一价定律（the law of one price）在此并不适用。

一、交易费用测量的两个层次及其变化趋势

（一）交易费用测量的两个层次

（1）制度或体制的差异引起的交易费用，不同的制度下交易费用是存在差异的；

（2）测量商品或劳务的标准及技术变化引起的交易费用，如货币、国家度量衡的统一、政府制定的产品标准等。第二个层次的交易费用实际上是在制度（或体制）已定的情况下的交易费用，在既定的体制下我们可以考察每笔交易的交易费用，这也可称为交换费用。

（二）制度费用和制度既定条件下的交易费用

1. 制度费用或总量的交易费用

制度费用包括建立市场制度的费用、建立适当政治框架的费用，或者建立个人人际关系、树立个人声誉或培养交易技巧的费用等。经济中总量的交易费用有多大？诺思等估计了“企业在市场上出售交易服务所使用的资源以及企业内部生产其他商品和劳务的交易所耗费的资源”。在私人部门，提供交易服务的部门包括批发和零售业（不包括运输业）、金融业、保险业和房地产业，以及除政府部门外的、主要从事贸易的便利和合作与监督工作的人员：如所有者、经理和业主（协调）、办事员（传递信息）、工头（协调与监督劳动投入），警察与保卫人员（保护财产）。

交易费用对经济增长的影响：人们发现在美国，上述私人部门和人员所耗用的资源占整个国民生产总值的比重从 1870 年的 1/4 上升到 1970 年的一半以上。他们的度量仅限于购买或雇佣的专业化的交易资源，还没有包括个人承担的各种交易费用——例如排队购买商品或在要素或产品市场上的搜索。诺思度量了 53 个国家的交易费用以及每年对经济增长的影响。

在美国，1970 年交易部门构成美国国民生产总值的 45%。香港大学的张五常教授估计交易费用占香港国民生产总值的 80%，这似乎包括了全部第三产业

以及第一、二产业的量度和监管费用。如诺思所说，这些交易费用是决定一种政治或经济体制结构的制度基础。

2. 既定制度下的每笔交易的交易费用或交换成本

在制度既定下（或制度不变的条件下）我们可以测量完成交易所需要的成本，它包括对所交易的商品或劳务的性质的考察，收集相关信息的成本，订立、履行契约的成本等。

"交换成本"（the cost of exchange）的定义：交换费用被定义为：在某种制度环境 m 中，当事人 i 采用给定的交换方式 j 获取某一商品 A 而消耗的总资源——货币、时间和商品等——的机会成本。因此，交换成本就是当事人所面临的生产费用和特定交易成本的总和。

该分析框架关注当事人在特定的制度环境中寻求采取某种具体交换方式（比如：通过正式合同，或非正式安排，货币或实物报酬）所面临的机会成本。这不包括我们前面所讲的制度费用或经济运行的费用）。

交易费用对经济增长的影响：制度结构（和产权）的特征严重影响交易成本的大小，资产所有权的有效转让对于现代市场经济非常重要。据统计，目前我国国内购车所收的各项附加费相当于车价的25%～30%；收取的执照费等四项费用为2500～5000元；汽车投入正常使用后收取的两税、七费为2500～5000元，而上述三项费用在美国分别仅为4%、12美元、30～50美元。这恰好说明我国汽车消费在过去几十年中增长缓慢，而在2009年优惠政策出台后才迅速增长，这也就是美国为什么会是一个汽车大国的原因。

（三）总量交易费用与每笔交易的交易费用的变化趋势

1. 总量交易费用呈上升趋势

在某种意义上讲，总量的交易费用是庞大的社会分工体系不得不付出的成本。这种总量交易费用的比例我们用 K 来表示，用 G 表示经济总量，用 C 表示总量的交易费用，则

$$C = K * G$$

K 在 $0 < K < 1$ 的范围内变动。一个社会的交易费用不可能为零，但也不能把全部的资源用于交换领域。根据诺思等人的计算，美国及发达国家现在的 K 值在50%左右，有的高于50%。这意味着一半以上的社会资源并没有直接用于生产任何东西，而是用于进行整合和协调不断增加的和越来越复杂的政治、经济和社会体系。我们希望通过交易成本总量的增加实现亚当·斯密所展示的生产的专业化和劳动分工带来的好处。

2. 每笔交易的成本呈下降趋势

我们希望能够以较低的成本实现每一笔交易。通过它我们可以区分高收入国

家和低收入国家：每一笔交易需要较少成本的国家是高收入国家，而每一笔交易需要非常高成本的国家是低收入国家。[（美）科斯、诺思等著，（法）克劳德·梅纳尔编《制度、契约与组织——从新制度经济学角度的透视》经济科学出版社2003年，50—52页。]

交易成本占国民生产总值的比重与每一笔交易的成本是两个不同的概念。总量的交易费用会上升，即为交易服务的部门会不断地增加。同时，交易也有一个规模递增的收益问题。当分工和专业化达到一定的程度，交易部门实现了规模经济以后，整个社会的交易费用（即为维持交易部门的运转所需要的费用）也会达到一定的规模，社会总量交易费用会上升。但是社会成员用于每一笔交易的交易费用会下降，社会总量交易费用的上升与每一笔交易的交易费用下降这两者并不矛盾。甚至可以讲，只有社会总量交易费用上升到一定程度，从事每一笔交易的交易费用才有可能降下来。

在任何经济活动中，交易成本在总体上不可能降低。这同样意味着哪里的经济发展得更好一些，哪里的交易成本通常占国民生产总值的比重就高一些。

所以总量交易费用提高的国家（即发达国家）的分工越来越细，并形成了一个“市场极”（即交易量最大的地方）。转过来，为交易服务部门的增加（整个社会用于交易的资源增加，即总量交易成本的增加）不仅降低了每笔交易的成本，而且为社会分工的深化、市场范围的扩大（斯密定律：分工受市场范围的限制）创造了条件。

二、不同制度交易费用的比较

（一）制度影响交易成本，交易成本影响经济绩效

在不同制度下交易费用的差异是巨大的。制度成本就是一种制度运行的费用。一般而言，单个交易的成本越低，那么这种制度就越有效。不同制度下交易费用的比较的意义在于，它可以在一定程度上测量一种制度的绩效，并为制度的创新或改革提供一种客观的依据。

（二）关系经济与契约经济的交易成本比较

要点：解释什么是关系经济，什么是契约经济，然后进行比较。

一般而言，关系经济交易的固定成本低，但这种制度下交易的边际成本很高。相反，在一个契约经济里，交易的固定成本很高，但其交易的边际成本却很低（见表2-1）。

表 2-1 契约经济与关系经济的交易成本比较

交易性质＼交易成本	固定成本	边际成本
契约经济	高	低
关系经济	低	高

这里的固定成本是指为了维持社会经济关系所需要的各种“基础”投资，如法官、律师、会计、审计及各种中介机构等。这里的边际成本是指增加一笔生意的额外成本。

关系经济的一大特点是信息的隐蔽性，因为交易双方所依赖的关系是他们专用的。关系经济在市场化初期可能有其优势，随着交易范围的扩大，私下的交易成本越来越高，市场效率将会大大地下降。关系经济除了一般意义上的交易成本外，还存在一种租耗的问题。经济主体所创造价值的一部分不得不用于关系的投资上，这种投资在一个讲信用、讲规则的社会里是不需要的，这种额外的损失就是租耗。

例如：我国建筑行业、煤炭行业中的关系经济严重。每年的租耗巨大，据《楚天都市报》报道，一个包工头春节的关系投资要 30 万。而在一个契约经济里，你没有必要为每笔生意去耗费时间、精力和金钱去找关系，只要讲信用、守合同就行了。

从总的方面来判断，我国的交易方式主要是建立在关系经济的基础上的。而发达国家的交易方式主要是建立在契约经济基础之上的。

关系经济对经济增长的负面影响表现为：第一，随着市场半径的扩大和交易成本的上升，许多交易无法进行了，从而不利于社会总交易量的增加。第二，关系经济不利于社会分工的发展和社会结构的优化，更不利于制度创新。第三，信用或契约的短缺使社会分工难以深化，市场只能在低水平上平面扩张。信用短缺或信用危机已经成为制约我国经济发展的“瓶颈”。

（三）案例分析（印度病）

所谓印度病就是政府这只手无所不在，事事都要经过政府官员左审右批。制度成本高到极致就会患上“印度病”。在印度，成功的企业家并不是进行技术和组织创新的企业家，而是获得最大量许可证的企业家。因此，印度的企业家都是在取得政府的许可证上展开竞争。

“印度病”表明，发展中国家与发达国家差距形成的一个重要原因是发展中国家的制度成本高。这种高的制度成本（指单个交易的成本）使发展中国家的分工、交易等经济发展的因素大大地受到影响。

发展中国家的贫穷在相当程度上是因为交换成本和交易成本，或者经济运行的成本十分高昂。用肯尼思·阿罗的概念，如果经济运行成本是高昂的，那么整个经济体系就不可能获得良好的经济绩效。这里的成本高昂是指发展中国家由于制度的缺失导致的每笔交易的成本高昂。著名经济学家乔治·A. 阿克劳夫（1970）把制度安排的缺乏看作是经济发展的主要约束。

（四）交易成本低的制度就是好制度

一个好的制度就是最简洁的制度。换言之，办事容易的制度就是好制度。好制度就是交易成本低的制度。发达国家经理们与政府官员打交道的时间要少得多。

为什么一些发展中国的交易成本高呢？简单地讲，就是政府管的事太多。按照奥尔森的理论，过多的审批和管制与分利联盟的存在有关。过多的审批与管制与我们所说的总量交易费用没有关系。此外，市场准入的难度并没有伴随着很高的产品质量，而是更多的腐败和非官方经济。最后很重要的一点是，困难的市场准入制度是不民主和无限政府的结果。准入制度使官僚和政客受益，而不是消费者。

（五）中国的制度环境分析

这些年来我们出台的一些制度（规则）或多或少地带有部门利益，通过所谓的制度创新把本部门利益最大化。这是目前我国制度成本较高的一个重要原因之一。

从制度环境来看，我国经济活动中的关（审批）、卡（各种收费）、压（各种限制）比较多。为什么中国的收费多？一是管得多，二是对产权的保护还不够。一些部门莫名其妙的收费实际上是对财产权的一种侵占。

三、技术进步后交易费用的变化趋势

（一）影响交易费用的因素

（1）交易风险程度；

（2）制度结构；

（3）度量标准和通货膨胀；

（4）人的本性（有限理性和机会主义倾向）；

（5）习俗、文化及意识形态。

（二）技术进步对交易费用的影响是双向的

一方面，技术进步可以产生诸如新的有效的度量方法使交易费用降低；另一方面，技术进步意味着出现更复杂的商品从而提高交易费用。技术进步为设计新的降低合约费用的经济组织提供了机会，但从已出现的少量系统经验资料表明，在发达的工业国家技术进步的净效应是提高了交易费用。[（冰）思拉恩·埃格特森《新制度经济学》商务印书馆 1996 年，16—19 页。]

在美国加州大学洛杉矶分校的 Deepal Lal 看来，信息革命虽然可以降低用于交换的交易费用，但却增加了用于监督的交易费用。这是因为，第一，由于计算机和网络的使用，专家咨询等业务能够避开税务当局的管制，人力资本可以像金融资本一样越来越具有流动性。第二，由于信息革命大大地拓展了市场的范围，使一次性的“匿名”的交易迅速增加，所以如果传统的道德被极度的个人主义替代，用于监督的交易费用将会大大上升。技术进步和信息革命不可能消除交易费用这个“噪声”。

例如：互联网的发展加快了信息传递的速度，节约了交易费用，却增加了维护网络安全、甄别信息真实的费用。

第三节　交易费用范式

本节要点：范式的一般特征和交易费用范式的特征。

一、作为一种分析范式的交易费用理论

（一）范式的一般特征

范式是指一套公认的信念、标准、思想方法、统率知觉的条理化规则等。库恩把范式看作是一种科学成就，这种成就具有两个特点：第一，范式必须表明研究的问题；第二，范式要包括研究的方法。（T. S. 库恩《科学革命的结构》上海科学技术出版社 1980 年，第 8 页。）

（二）交易费用理论提出了一个不同于新古典研究模式的新范式

1. 交易费用理论为新制度经济学规定了研究方向和领域

交易费用理论的提出大大地拓展了新古典经济学的研究领域。正是在新古典经济学的框架中加入了正的交易费用使新制度经济学与新古典经济学相区别并改变了研究的方向：交易费用使所有权的分配成为首要的因素，提出了经济组织的问题，并使政治制度结构成为理解经济增长的关键。

交易费用理论提出了一个不同于新古典研究模式的新范式。在交易费用为零的世界里，制度、产权、法律、规范等可有可无。一旦交易费用为正，那么这些

变量在经济运行中就至关重要了。

2. 交易费用理论为新制度经济学提供了分析工具

交易费用经济学中包括三个关键概念：技术方面（资产专用性）、人员方面（有限理性）和人的行为特性方面（机会主义）。交易成本从根本上影响着一个经济体系的运行。它们影响着市场上生产什么和什么样的交换会发生；它们影响着何种组织得以生存以及何种游戏规则能够持续。在经济学中，关于交易成本的各种特定假设构成了大多数模型——无论是古典、凯恩斯、新凯恩斯或者新古典——的基础。那些涉及垄断、垂直一体化、外部效应、战略行为、工资和价格粘性，以及不完美市场的各种模型都要求关于这些费用的特定假设。[（美）科斯、诺思等著，（法）克劳德·梅纳尔编《制度、契约与组织——从新制度经济学角度的透视》经济科学出版社 2003 年，第 426—434 页。]

二、从交易费用到制度的运行费用

（一）科斯革命

科斯在《企业的性质》一文中指出，市场的运行是有成本的，通过形成一个组织，就能节约某些市场运行的成本。

“科斯定理”：若交易费用为零，无论权利如何界定，都可以通过市场交易达到资源的最佳配置。由此人们推出“科斯反定理”或“科斯第二定理”，即在交易费用为正的情况下，不同的权利界定会带来不同效率的资源配置。

意义：科斯教授在《社会成本问题》（1960 年）一文中已经将权利安排即制度形式与资源配置效率直接对应了起来，由此，新制度经济学革命揭开了序幕。在此之前，新古典经济学将企业定义为一个生产函数。交易费用概念被一般化后，其内涵扩展为经济制度的运行费用，为经济制度的分析奠定了基础。

将交易费用的概念应用于广泛的领域，如代理关系、寻租活动、企业内部考核、外部性问题、纯粹市场与科层组织之间的各种类型的经济组织形态、经济史，甚至政治制度等（盛洪，1990）。

（二）交易费用的一般化

交易费用概念一般化的过程也就是新制度经济学体系不断完善的过程。交易费用概念被一般化后，其内涵扩展为经济制度的运行费用，为经济制度的分析奠定了基础。交易费用论有广泛的应用，其中有成效的有以下三个领域：纵向一体化理论、技术转让理论和跨国公司理论。

威廉姆森强调不同的交易维度有不同的契约关系或制度框架：威廉姆森认为影响交易种类和交易费用大小的有三个维度，即交易发生频率、不确定性和资产专用性。一般说，多次发生的交易，较之一次发生的交易，更需要经济组织来保障；不确定性的存在，使得应变的连续性决策具有重要的意义；而当资产专用程度加深时，出于追求契约保障的需要，纵向一体化才会出现，它更能体现出企业在资源配置方面的优势。根据上述三种交易维度，我们可以将交易划分为不同的契约关系。与之相匹配的规制结构也会有所差异。规制结构有市场规制、古典缔约活动、三方规制（新古典缔约活动）、双边规制及统一规制（关系性缔约活动）等。

交易费用的存在是导致制度多样性的主要原因：新制度经济学的核心就是运用交易费用来分析它们（各种经济组织形式、市场习惯做法、交易方式。换句话说，就是制度）的多样性。在新制度经济学家看来，交易费用是解释经济绩效的关键。诺思指出，交易费用的存在表明，制度框架为生产效率提供了激励机制。[（美）科斯、诺思等著，（法）克劳德·梅纳尔编《制度、契约与组织——从新制度经济学角度的透视》经济科学出版社 2003 年，第 49 页。]

三、交易费用理论的基本构成

1. 交易费用范式中有三个基本的经济命题

（1）是约束条件下极大化的假定。

（2）第二个是向下倾斜的需求曲线，（由于不必区分消费和投资活动）这也包括边际生产率递减。

（3）第三个是机会成本，即成本是所放弃的价值最高的选择（即机会成本）。

2. 交易费用经济学的目的

从某种程度上讲，交易费用理论就是企业理论。其目的在于探讨企业与市场之间的关系，企业产生和变化的根本原因，企业和市场作为一种管理机制的局限性和互补性等被新古典经济学所忽略的重大命题。它提出并论证了市场交易费用是组织结构和组织行为产生与变化的决定性因素，是理解上述问题的关键。

3. 交易费用理论的基本论点

（1）市场和企业为相互替代而不是相同的交易机制，因而企业可以取代市场实现交易。

（2）企业取代市场实现交易有可能减少交易的费用。

（3）市场交易费用的存在决定了企业的存在。

（4）企业在“内化”（internalization）市场交易的同时产生额外管理费用。当管理费用的增加与交易费用节省的数量相等时，企业的边界趋于平衡（不再增长扩大）。

（5）现代交易费用理论认为交易费用的存在及企业节省交易费用的努力是资本主义企业结构演变的唯一动力。

4. 交易费用经济学的基本方法

交易费用经济学研究的一般思路是：在指出交易的特性之后，从交易费用最小化的能力方面探讨可能采用的治理结构。在简化形成的假设基础上，建立交易与治理结构的匹配，并通过实证研究予以确认。

我们把交易费用范式的总体思路概述如下：①交易是分析的基本单元；②造成各交易存在成本差异的关键是交易的频率、不确定性及资产专用性（量度资产能否被再配置）；③各种一般治理模式（市场、混合型组织、私有机构、公有机构）都是由一系列属性所界定的，每一模式都表现为成本、竞争力上的离散的结构性差异；④每一种一般治理模式都适用不同的合同法；⑤预测内容（predictive content）表明，交易（其属性各不相同）与治理结构（其成本与竞争力各不相同）的对应方式各不相同，但都主要是以交易成本最小化为目标的；⑥将制度环境（政治法律制度、法律法规、习俗、规范，North 1991）视为位移轨迹的参数，其变化将导致治理成本（特别是比较成本）的变化，可以提出额外的预测内容；⑦无处不在的交易成本经济学是对可行的备选方案所做的比较制度分析，由此看来，假想的理想方案与操作问题无关，对方案的无效率检验则是一种补救和纠正（remediableness）。

5. 交易成本经济学有以下特点

①更注重微观分析；②在作出行为假定时更为慎重；③首次提出资产专用性对经济的重要意义并用以解释实际问题；④更加依靠对制度的比较分析；⑤把工商企业看作一种治理结构，而不是一个生产函数；⑥特别强调私下解决（而不是法庭裁决）的作用，重点是研究合同签订以后的制度问题。经济组织问题的比较研究强调的是以下基本观点：根据不同的治理结构（治理能力及有关成本的不同）来选择不同的（即具有不同属性的）交易方式，可以节省交易成本。［（美）奥利弗·E. 威廉姆森《资本主义经济制度——论企业签约与市场签约》商务印书馆，第30—31页。］

四、高额的交易费用：中国要素市场发展滞后于产品市场发展的原因

（一）要素市场的成长远远滞后于产品市场的成长的表现

（1）产品市场的成熟程度要高于要素市场的成熟程度。

（2）大多数产品已经放开，但是在要素市场上政府的管制还比较多。

（3）金融市场市场化程度低的主要表现为，一是我们的银行还主要是四大国有银行“一统天下”，金融领域还是一个垄断的市场结构，缺乏竞争。一个缺乏竞争性的金融体系自然约束了大众与中小企业的融资需求。二是我国的银行还没有对民间资本放开，对民间资本进入资本市场还存在诸多限制。三是金融和资本市场管制过多，导致大量的租金及寻租行为。

（4）我国土地市场的市场化程度低主要表现为：第一，我国土地还主要是由国家所有和控制的一个因素，土地的交易、转让的市场调节比重很低；第二，大量农村土地的市场远没有建立起来，大大地制约了我国二元经济结构的转换；第三，城市房地产市场由于土地产权制度的不健全等方面的原因，其发展也大大地受到了影响。

（5）我国劳动力市场这些年有了比较大的进步，但是劳动力的流动还受到了诸多的限制。我国劳动力市场上的歧视、人为的分割以及对于人员流动的限制是导致我国劳动力市场市场化程度低的重要原因。

（二）高昂的交易费用阻碍了要素市场的形成

这里的高昂交易费用是指这些要素市场中的每笔交易费用。

（1）要素市场所交易的产品或东西要比商品市场上所交易的产品其衡量和明确交易单位的特征要复杂得多，与此同时，我国相应的衡量和为要素市场服务的中介机构的发展严重滞后，无疑增大了每笔要素市场交易的成本。

（2）要素市场对产权的要求要比商品市场对产权的要求高得多。由于产权的改革不到位，我国要素市场的交易和运行不是以正常的交易成本体现出来，而是以租耗的形式体现出来。在我国要素市场上，由于产权不明晰，或者产权纠纷，使一些交易无法通过市场来完成，或者在这些领域市场无法形成。

（3）要素市场对契约、法律制度的要求更高。要素市场的发展除了要以有效的产权制度为基础以外，还需要相应的契约、法律制度为支撑。要素市场交易的复杂性也增加了立法及制度创新的难度和成本。科斯在接受诺贝尔经济学奖时发表演讲指出：所谓科斯定理，就是在交易费用为正的情况下，法律制度及其重要。

五、市场经济是一种法治经济

要点：法治经济的两种原则及市场经济是法治经济的原因分析。

（一）一致同意规则

法律制度是制度中最强硬的制度了。按照布坎南的分析，市场经济的基本规则是一致同意。一致同意包括两层含义：一是一致同意是所有当事人福利的最有意义的度量，因为同意意味着同意者认为他所同意的决策至少不损害自己；二是一致同意是利益互相抗衡的各方互相妥协的结果，它通过一方的利益去制约其他方的过度要求。

（二）法官规则

法官规则：实际上一致同意是人们多重博弈的结果。但是并非在所有的情况下都能达成一致同意的，此时人们将选择法官裁决。其特征是：①注重知识的积累。即那些与自己的利害没有直接关系的、超越自己生命长度的、跨越时代的知识。②裁决他人之事。③在两两之间权衡。法官裁决作为一种决策形式，我们也可以称之为法官规则，以与一致同意规则相对应（盛洪）。

由于法官以及裁决能够带来财富增量，所以法官以及经营法律的律师可以成为一种收益可观的职业，他们以及他们提供的服务共同构成一种产业。法律的这种产业化，使得法律服务这一职业的超脱的品格得到加强。

（三）市场经济是法治经济的原因

1. 私下解决纠纷的交易费用太高

市场经济需要法治的根源在于人们解决彼此纠纷的交易费用太高，以至于不得不借助中立人（法官）根据某一权威制度（法律）裁决纠纷。

2. 国家的规模优势

国家作为第三种当事人，能通过建立非人格化的立法和执法机构来降低交易费用。既然法律的发展是一种公共产品，它就能随之带来具有重要意义的规模经济。

从制度经济学的角度看，中国市场化改革面临着两大基本制度变迁，一是将与计划经济相适应的产权制度转变为与市场经济相适应的产权制度；二是变人治为法治。这两者是相互联系、相互制约的，有效的产权制度需要法律来维护。从某种意义上讲，市场经济就是有效的产权制度加有效的法律体系。

（四）中国未来改革的重要内容

诺思在用其有效的市场经济理论模式分析中国的改革进程时指出，中国的改革还有很多路要走：一是需要国有资产的民营化；二是建立保护产权的有关规则和法律制度；三是建立独立的司法体系，有效解决合同中出现的各种纠纷，保障社会稳定；四是建立起有效合理的政治体制的基本框架，保证在产权方面实行法治。像科斯、诺思这些新制度经济学的代表人物都特别强调产权与法制的相互关系。

基本概念：

交易、交易费用、科斯定理、范式、诺思试验、莱索托试验、印度病

思考：

1. 如何评价康芒斯的交易观？
2. 交易费用的内涵和外延是什么？
3. 交易费用范式的意义是什么？
4. 交易费用存在的原因是什么？
5. 如何测量交易费用？
6. 交易费用理论的基本框架是什么？

推荐阅读：

1. 康芒斯：《制度经济学》，商务印书馆 1962 年版，第 2 章。

2. 科斯：《企业的性质》，载于盛洪主编《现代制度经济学》（上卷），北京大学出版社 2003 年版。

3. 威廉姆森：《资本主义经济制度》，商务印书馆 2002 年版，第 1—4 章。

4. 诺思：《制度、制度变迁与经济绩效》，上海三联书店 1994 年版，第 4 章。

5. 马斯顿：《交易成本经济学的实证研究》，载于《交易成本经济学及其超越》，上海财经大学出版社 2002 年版。

第三讲　新制度经济学的基本原理Ⅱ：产权分析

有恒产者才有恒心。

——孟子

内容提要：

（1）产权的概念、功能及特征；

（2）产权的三个层次的模型及产权结构的效率；

（3）产权与企业制度的关系。

第一节　产权理论概述

本节要点：重点讲述产权的定义、功能、特征及产权分析范式的一般框架。

一、产权的概念

1. 定义

在英语中 Property 包含多种含义：

（1）财产、资产和所有物的总称；

（2）指地产、房地产；

（3）指财产权和所有权，亦即“Property right”。

产权的定义很多，一个被罗马法、普通法、马克思和恩格斯以及现行的法律和经济研究基本同意的产权定义为：产权不是指人与物之间的关系，而是指由物的存在及关于它们的使用所引起的人们之间相互认可的行为关系。产权制度是一系列用来确定每个人相对于稀缺资源使用时的地位和社会关系的制度。

2. 产权的形式

要点：共有制与国有制的区别，私有制的核心内涵。

产权与经济选择之间存在着内在的联系。新产权方法的中心任务是表明产权的内容如何以特定的和可以预期的方式来影响资源的配置和使用的。如果将一个社会所强制实施的选择一种经济和使用的权利分配给一个特定的人，就是私有产权，它可以同附着在其他物品上的类似权利相交换。

产权有两种形式：

（1）共有制。共有制是将这种选择的产权权利分配给共同体的所有成员。共有制意味着共同体否定了国家或单个市民干扰共同体内的任何人行使共有权利的权利。国有制则意味着只要国家是按照政治程序来决定谁不能使用国有资产，它就能排除任何人使用这一权利。

（2）私有制。私有制是给予人们对物品那些必然发生矛盾的各种用途进行选择的权利。这种权利并不是对物品可能用途施以人为的或强加的限制，而是对这些用途进行选择的排他性权利分配。私有制意味着所有者有权排除其他人行使私有者的私有权。简而言之，没有经过你的许可或没有给你补偿，任何人都不能合法地使用或影响那些产权归你所有的物品的物质性状。这里需要强调的是：一个物品不受他人行动影响的是指其物质性状和实际用途，而不是它的交换价值。

3. 产权是可变的

人们对资产的权利（包括他们自己的和他人的）不是永久不变的，它们是自己直接努力加以保护、他人企图夺取和政府予以保护程度的函数。最后这点主要通过警察和法庭奏效。产权不是绝对的，而是能够通过个人的行动改变的。明确这一点，在分析资源配置时很有用处。当契约条款是属法律所禁止的，则私有产权就要遭到否定。这些限制减少了私有财产、市场交换和契约作为调节生产与消费以及解决利益冲突的手段的力量。

人为的或不必要的限制不是私有产权赖以存在的基础。之所以如此，还由于这些限制一般只是针对某些人而实行的，在对其他人没有必要限制的活动中，如果不对这些人加以限制，他们就会取得一种“合法的垄断”。在私有产权下，任何双方同意的契约条款都是允许的，它们并不是都必须得到政府的强制力的支持。一般来说，法律权利会增强经济权利，但是，对于后者的存在来说，前者既非必要的条件，也非充分条件。换句话说，只要彼此在契约中承认双方的权利，私有产权就可成立，不一定需要政府的强制支持。

经济学家过去没有利用产权概念来分析行为，也许是因为他们倾向于认为产权是绝对的缘故。

二、产权的功能

要点：首先讲述产权与外部性的关系。其次讲述产权的激励功能和将外部性内在化的功能。

（一）产权与外部性密切相关

产权是一种社会工具，其重要性就在于事实上它们能帮助一个人形成他与其他人进行交易时的合理预期。这些预期通过社会的法律、习俗和道德得到表达。产权的所有者拥有他的同事同意他以特定方式行事的权利。也就是说，产权包括一个人或其他人受益或受损的权利。那么很显然，产权是界定人们如何受益及如何受损，因而谁必须向谁提供补偿以使他修正所采取的行动。这一认识能很容易地导致产权和外部性之间的密切关系。

外部性是指一个经济主体对另一个经济主体的影响不能通过市场来解决（不包含在价格内）。这种影响分为正外部性和负外部性。正外部性是指有人受其益而没有支付价款，负外部性是指有人受其害而未得补偿。将这些效应“内在化”是指一个过程，它常常要发生产权的变迁从而使得这些效应（在更大程度上）对所有相互作用的人产生影响，从而使这些相互影响的产权归于一个主体。

（二）产权的功能

（1）引导人们实现将外部性较大地内在化的激励。与社会相互依赖性相联系的每一成本和收益，就是一种潜在的外部性，使成本和收益外部化的一个必要条件是，双方进行权利交易（内在化）的成本必须超过内在化的所得。有效的产权安排能使外部性内在化（如把公共地转变成私人地）是产权存在的重要价值。

（2）产权能够解决激励问题。张五常和巴泽尔先后论证过，经济学意义上的“产权”只是当界定权利的费用与权利带来的好处在边界上达到相等时（也就是均衡时）才有意义。或者说，只有当产权界定的收益大于产权界定的成本时，人们才有动力（或激励机制）去制订规则和界定产权。制订规则的目的是强制人们遵守某些公共准则，节约交易费用，从而改善资源配置和福利分配，从而促进经济法增长。产权激励人具有预期性、持久性、稳定性的特点。产权界定不清是产生“外部性”和“搭便车”的主要根源。中国古代思想家孟子说过，有恒产才有恒心。

三、产权的特征

（一）产权的完备性与残缺性

要点：产权完备的内涵及权利束作为总量和结构概念的含义，产权残缺的原因及后果。

产权完备的内含：完备的产权应该包括资源利用的所有权利。这些所有权利就构成了“权利束”（a bundle of rights）。权利束常常附着在一种有形的物品或服务上，在其他情况不变时，任何物品的交换价值都取决于交易中所包含的产权束。

权利束既是一个“总量”概念，即产权是由许多权利（或权能）构成的，如产权的排他性、收益性、可让渡性、可分割性等；也是一个“结构”概念，即不同权利束的排列与组合决定产权的性质及结构。如果权利所有者对他所拥有的权利有排他的使用权、收入的独享权和自由的转让权，就称他所拥有的产权是完备的。如果这些方面的权能受到限制或禁止，就称为产权的残缺。

产权的残缺：完备性的产权只是一种理想状态，实际生活中的任何产权不可能是完备的。“所有制残缺”这个概念是阿尔钦与卡塞尔在 1962 年首先提出来的。这种不完备性或所有制残缺大体可分为两种情形：一种是产权的主体在界定、保护和实现权利的费用太高而自动放弃一部分权利束；另一种情形是外来的干预（或侵犯），如国家的一些管制造成的所有制残缺。但是值得指出的是，对任何产权主体来讲，尽管不能做到产权的完备性，但是关键权利束（如收益权、转让权等）的具备是有效产权的基本条件。

所有权的残缺可以被理解为是对那些用来确定“完整的”所有制的权利束中的一些私有权的删除。完全的私有权，完全的国有权和完全的共有权的概念，相对于所包含的实质的权利束有很大的弹性。

造成产权残缺的原因：权利之所以常常会变得残缺，是因为一些代理者（如国家）获得了允许其他人改变所有制安排的权利。对废除部分私有权束的控制已被安排给了国家，或已由国家来承担。国家干预和管制是造成所有制残缺的根源。

产权残缺或完备的后果：所有权缺失的重要后果是政治权力与财富的结合，而所有权存在的重要后果则是其分离。在西方产权理论看来，所有权的立宪保证把经济财富与政治权力分开来。在封建社会的情况下，在政治权利体系中的沉浮直接影响到经济财富。然而，资本主义中所有权割断了这种权力与财富之间的联系，失去政治权力的人并不失去其经济财富。

（二）产权的排他性与非排他性

要点：产权制度变迁的三个阶段，排他性的含义和激励作用；产权的非排他性与外部性的联系。

西方国家产权制度的演变主要经历了三个阶段，即非排他性公有产权——排他性公有产权——排他性私有产权。从中不难发现建立排他性的产权制度是人类经济发展史上的一次伟大革命。无论私有产权还是公有产权都有排他性特征，只是排他的程度有别。

排他性的定义：所谓产权的排他性，是指决定谁在一个特定的方式下使用一种稀缺资源的权利，即除了“所有者”外没有其他任何人能坚持有使用资源的权利。一般而言，私有产权的排他性较强，而社团产权的排他性较弱。

排他性的激励作用：产权的排他性激励着拥有财产的人将之用于带来最高价值的用途。产权的排他性意味着所有者有权选择用财产做什么，如何使用它，和给谁以使用它的权利。产权的排他性一方面把选择如何使用财产和承担这一选择后果之间紧密地联系在一起，另一方面使所有者有很强的动力去寻求带来最高价值资源的使用方法。

排他性是私人产权的决定性特征。排他性（Excludability）是所有者自主权的前提条件，也是使私人产权得以发挥作用的激励机制所需要的前提条件。只有当其他人不能分离产权所界定的收益和成本时，这些效益和成本才可能被“内部化”，才能对财产所有者的预期和决策产生完全的直接的影响。只有那样，才能将他人对该财产使用的估价传送给所有者，所有者也才有动力将其财产投于他人欢迎的用途。

产权的非排他性特征：产权的非排他性则意味着两个或两个以上的人同时拥有控制同一资源的权利。产权的非排他性是产生“外部性”和“搭便车”的主要根源。一个社会不可能使所有的产权都具有排他性。排他性弱的地方也就是外部性严重的地方。

任何国家都未建立起纯粹的排他性私有产权制度。这有以下三个方面的原因：

（1）在一些领域建立排他性产权制度的费用太高；

（2）由于技术方面的原因在一些领域建立排他性产权制度很困难；

（3）在一些领域（如大家都需使用的公共地）建立排他性产权制度不利于资源的有效使用。

非排他性的影响：非排他性的公有产权似乎对人人都有利，结果谁也得不到更多的好处。非排他性的产权还会造成过多人使用资源的“拥挤”现象。导致“公地的悲剧”（大家共有的东西最容易受到过度使用或损坏）。

思考：公有产权的能否等同于非排他性？建立怎样一种权利结构和约束避免公地悲剧的发生？过去人们为什么不敢侵犯公有财产？

（三）产权的明晰性与模糊性

要点：产权明晰与模糊的含义，产权明晰的意义及条件产权明晰与产权模糊的含义：任何产权，如果其所有者是确定的且是唯一的，那么这个产权就是明晰的。产权明晰与产权模糊皆指“权利束”边界确定而言的，它与产权的完备性与残缺性、排他性与非排他性是等价的命题，完备性和排他性的产权通常是明晰的，而残缺性和非排他性的产权往往是模糊的。但是有些产权，如社团产权，所有者尽管是确定的（可能是 10 个人的，也可能是 13 个人的），但是并不是唯一的，这也容易产生产权的模糊性。

产权模糊有两种情况：一是产权归属关系不清，即财产属于谁未明确界定或者未通过法律程序予以肯定；二是财产在使用过程中权利归属不清。当产权出现分割、分离与转让等情况时，财产各种权利主体变得不明确。

明晰产权的意义：产权的明晰性就是为了建立所有权、激励与经济行为的内在联系。产权会影响激励和行为。这是产权的一个基本功能。在西方产权经济学中，产权与交易费用这两个概念是等价的。在市场交换中，若交易费用为零，那么产权对资源配置的效率就没有影响；反之，若交易费用大于零，那么产权的界定、转让及安排都将影响产出与资源配置的效率。产权明晰是市场经济的基本要求，也是市场机制有效动作的基本前提。

产权的明晰的条件：①产权的明晰需要费用，有些产权由于界定和实施所有权的费用太高而不得不采用模糊产权的形式，如社团产权；②产权的明晰需要一定的社会制度条件。如在我国由于市场经济体制的不完善和政府对经济的过多干预，乡镇企业在目前不得不采用模糊产权。但是从长远的角度看，除了少数国家控制的产权和一些公共品产权以外，其他产权应该是明晰的。

（四）产权的实物性与价值性

在产权经济学家看来，商品交换实际上是产权的交换。当一种交易在市场上议定时，就发生了两束权利的交换。产权的实物性是指权利束常常附着在一种有形的物品或服务上，产权的价值性是指权利的可交换性、可转让性。产权的价值表现形式有股权、期权、债权等。并且正是权利的价值决定了所交换的物品的价值。从这个意义上看，产权也是使用价值与价值的统一体。

（五）产权的可分割性、可分离性与可转让性

要点：可分割性的含义、意义；可转让性的含义、意义；作用。

产权的可分割性是指两个或两个以上的个人可以拥有同一商品的不同属性，意味产权能被“拆开”，一项资产的纯所有权能与其他各种具体用途上的权利相分离。产权的可分割性是由于各种商品都可以看作是多种属性的总和，不同商品又包含着不同数目的属性。因此，有时人们会把某一商品的各种属性的所有权分

配给不同的个人，这就产生了产权的可分割性。例如，对一个湖泊的所有权能与在湖上钓鱼的权利和在湖中游泳的权利相分离。

产权的可分割性的意义：这可能是人类历史上产权制度的一次重大变革。这主要表现为：①产权的分割使产权更容易流动和交换，从而大大地提高了产权的资源配置功能；②产权的分割性有利于企业制度的完善和发展。如传统的合伙制企业就因为产权的不可分割性使某一个人为的因素就可以使企业夭折；③产权的可分割性是资本市场建立的一个必要条件；④产权的分割性大大地降低了集体产权运作的成本。

产权的可转让性的含义：它意味着所有者有权按照双方共同决定的条件将其财产转让给他人。这就是说，他能够出售或者赠送他的财产。在传统或其他制度禁止处置产权的地方，产权被束缚于一个既有的所有者，而其他人尽管因具备更好的知识和技能可能对该财产定价更高，却不能对该财产进行更好的利用。产权的可转让性为资源流向具有最高生产力的所有者提供的激励，也就是可转让性促使资源从低生产力的所有者向高生产力所有者转移。

私有产权的可分割、可分离、可转让性的作用：一方面能使合作组织参与现代股份公司的生产活动。股份公司的股份代表了典型的可分割的、可转让的集体产权。可转让的集体产权是保证公司效率的重要制度安排。可以说，股票充分体现了产权整体性和可分割性相统一的原则。

另一方面，产权要素所具有的自愿的可分割性和可转让性，可以实现两种有益的专业化（有时称作“分离”）：①行使有关资源使用的决策权；②承担市场或交换价值实现的结果。前者往往被称为“控制权”，后者则被称为“所有权”。由于资源的使用不同，其结果的预期概率分布也不相同，所以，这种产权要素的可分离性和可转让性，可以使人们在拥有和行使这些可分割权利方面实现专业化，进而获得种种收益（阿尔钦）。

（六）产权的延续性和稳定性

产权的延续性和稳定性的的意义：

（1）产权发挥激励性功能也在一定程度上根源于产权的延续性和稳定性。

（2）产权的延续性和稳定性还有利于市场经济的建立和完善。

（3）产权的延续性和稳定性还有利于社会经济的可持续发展。一些西方产权经济学家认为，政权的不规则更替和产权制度变化的大起大落严重地制约了一些国家的经济和社会的发展。

私有产权的初始分配一旦外生给定，互惠互利和自愿的产权交易将从中自动演化出来。尽管存在利益纠纷，但稳定的产权安排中一定包含某种自我实施的因素，即它的有效运用毋需依靠第三方界定和实施。

四、作为一种分析方法的产权理论

要点：从经济学研究对象的改变——产权理论的两种发展倾向——现代产权理论的拓展——与新古典主义的比较——所有权的效应。

（一）产权经济学家认为产权的买卖和分配是经济学研究的主要对象

阿尔钦指出：在本质上，经济学就是对稀缺资源产权的研究。一个社会中的稀缺资源的配置就是对使用资源权利的安排。经济学的问题，或价格如何决定的问题，实质上是产权应如何界定与交换以及应采取怎样的形式的问题（科斯、阿尔钦等《财产权利与制度变迁——产权学派与新制度学派译文集》上海三联书店 1991 年，第 205 页）。产权经济学强调财产权的买卖和分配应该是经济学研究的主要对象，而不是商品买卖。财产权的买卖与商品买卖相比，更有利于揭示经济运行的规律与资源配置。产权制度决定商品市场的结构和效率。商品买卖与市场形成的低级组织形态有关，而复杂的财产权的买卖（版权、商标、专利、大公司的买卖、连锁店分店与总店之间的权利买卖等）决定高级组织的形态。

（二）产权理论的两种发展倾向

现代微观经济学呈现出多元化发展趋势，在产权理论方面有两个倾向相反的发展方向：

（1）以科斯、张五常等人为代表的发展产权经济学的努力。这一种努力以著名的“科斯定理”为代表，强调明确界定的私人产权和自由议定契约的权利足以解决一切复杂的经济效率问题。这一研究方向支持和论证“看不见的手”的猜想。

（2）以法雷尔和赫维兹等人为代表的发展激励机制设计理论的努力。这种努力试图证明在信息不完全的条件下，市场中的讨价还价行为都不可能是有效率的，因此需要政府来设计激励机制以图改进。这一方面的努力可以扩大为更广泛的一个研究领域，即“市场失败”理论。

（三）现代产权理论的拓展

如前所述，新产权方法的中心任务是要表明产权的内容如何以特定的和可以预期的方式来影响资源的配置和使用。现代产权理论强调了所有权、激励与经济行为的内在联系。现代产权理论对传统的生产和交换理论进行了拓展。其拓展思路可以概括为：

（1）给出了关于一个生产组织内的单个决策者所起的作用的全新解释。假定个人在现有的组织结构所确立的约束条件下追求他们自己的利益，并且使效用最大化。

(2) 认为事实上存在多种形式的产权，而且不能保证利润最大化。通过考察各种可能的制度安排对收益—报酬制度的影响，从而可能详细地分析制度安排与经济行为之间的相互关系。

(3) 认识到交易费用大于零在所有情形中具有的实际重要性。(科斯、阿尔钦等《财产权利与制度变迁——产权学派与新制度学派译文集》上海三联书店 1991 年，第 202 页。)

(四) 新古典主义和产权理论的比较

(1) 两者的效用函数不同。新古典主义的效用函数在完全竞争的市场上总是可以实现最大化的，它忽视了像产权等因素对最大化的影响。产权方法则试图通过将效用函数与单个决策者联系起来，以系统地阐述富有经验意义的最优化问题，然后将特定的内容引入到函数中去。产权经济学则认为，经济学要研究的是资源稀缺对人的利益的影响和由此带来的人与人之间的利益冲突。产权经济学要处理和解决的就是人对利益环境的反应规则和经济组织的行为规则。

(2) 交易费用与产权的联系的认识不同。产权方法的另一关键思想是，不同的产权安排会导致不同的收益—报酬结构。(科斯、阿尔钦等《财产权利与制度变迁——产权学派与新制度学派译文集》上海三联书店 1991 年，第 203 页。) 交易费用与产权有着内在的联系，如果交易费用为零，那么采用什么产权都无所谓了。换言之，在交易费用为零的情况下，所有产权的效率都是一样了。真实世界的情况是，交易费用为正，在这种情况下，产权极其重要，并且不同的产权安排下人的行为、绩效、收入分配结构等都是不一样的。通过不同产权安排的选择来实现财富的最大化是产权分析方法的价值所在。

(五) 所有权制度的六种效应

莱索托 (Hernando de Soto) 在其《资本的秘密》一书中指出：西方国家的正规所有权制度产生了六种效应，使它们的公民能够创造出资本。①确定资产中的经济潜能；②把分散的信息综合融入一个制度；③建立责任制度；④使资本能够互换；⑤建立人际关系网络；⑥保护交易。

(六) 产权制度是经济运行的基础

经济社会运行中的许多问题是可以采用产权分析来分析的。产权制度是一个经济运行的基本基础，有什么样的产权制度就会有什么样的组织，什么样的技术，什么样的效率。

(1) 从产权与组织的关系来看，产权是一个组织建立的制度基础。产权安排决定组织形式的选择及内在治理结构。

（2）从产权与技术的关系来看，排他性的产权能对其所有者产生提高效率与生产能力的直接而又持续的激励，或用基本的术语说，它要求更多的知识和更新的技术。这里的技术是广义的技术范畴，不仅包括与自然科学相关的技术，还包括与社会组织形式相关的技术，如专利权、版权等。

（3）从产权与效率的关系来看，不同产权安排会产生不同的绩效。

第二节　三个层次的产权模型

一、产权的原始模型

（一）原始产权理论（模型）的核心问题

探讨产权的起源是产权理论的核心问题之一。20 世纪 60 年代后期开始，一批学者开始使用新古典主义的研究方法研究财产的起源问题，因为他们在研究排他性产权的发展时，并没有建立有关社会制度和政治制度的模型。因此人们把这些早期的理论称为原始产权理论。该理论通过比较排他性权利的成本和收益以及对于众人分享产权的内部控制成本来解释排他性权利为什么被确立或没有被确立。

原始产权理论中的经典之作是德姆塞茨 1967 年发表的《关于产权的理论》一文。他的主要论点是：

“当内在化的收益大于成本时，产权就会产生，将外部性内在化。内在化的动力主要源于经济价值的变化、技术革新、新市场的开辟和对旧的不协调的产权的调整……当社会偏好既定的条件下……［对于私人所有还是社会所有的偏好］，新的私有或国有产权的出现总是根源于技术变革和相对价格的变化。”（科斯等著《财产权利与制度变迁——产权学派与新制度学派译文集》上海三联书店 1991 年，第 100 页。）

案例：（1）德姆塞茨运用这一理论解释了加拿大北部印第安部落土地私有权的产生。

（2）K. 利科克的那篇题为《关于山区的狩猎区域与皮革贸易》的经典论文的内容。利科克明确地证实了土地私有权的发展与商业性皮革贸易之间无论在历史上还是在地理上都存在着密切的关系。在这篇论文中他揭示了产权对动物的过度狩猎所起的作用。

要点：外部性的存在——内在化激励的产生——成本—收益的比较——产权

的产生（界定）。

结论：当内部化的收益变得大于内部化的成本时，产权的发展是为了使外部性内在化。内部化的增加主要是由于经济价值的变化，而经济价值的变化又是由于新技术的发展、新市场的开辟以及原有的界定不清的产权的变化。

（二）产权的形成

1. 产权形成的内在机制

在产权经济学家看来，新的产权的形成是相互作用的人们对新的成本—收益的可能预期进行调整的回应。产权形成的内在机制在于：当内在化的所得大于内在化的成本时，产权的发展（或形成）是为了使外部性内在化。内在化的动力是多方面的，德姆塞茨在这里列举了经济价值的变化、技术革新、新市场的开辟和对旧的不协调的产权的调整等。这些因素的变化会导致产权安排的成本—收益的变化，而成本—收益变化正是新的产权形成或一种产权形式向另一种产权形式转换的基本原因。这是产权原始模型的基本特征之一。

2. 产权形成的方式

自我强制（内生）：张五常和巴塞尔先后论证过，经济学意义上的“产权”只有当界定权利的费用与权利带来的好处在边际上达到相等时（也就是均衡时）才会产生。

国家暴力和政治的方式（外生）：这里之所以强调经济学意义上的“产权”，是因为在人类历史上有些产权及其制度的形成并不是经过成本—收益计算后的结果，而是国家暴力及其政治的产物。布坎南（Buchanan，1989）认为，产权从能够有效地执行对盗窃的惩罚的警察部门的强有力（因而可信）和合法的暴力中产生。

西方产权理论中，在阿尔钦、德姆塞茨的产权理论以及菲吕博腾和佩约奇对产权的综述文献中，产权基本上都是自我强制性的。在阿姆拜克的加州黄金冲击案例研究中，他提出了强力创造产权（Might makes rights）的理论。后来，有一本关于演化论的《钢铁、枪炮和细菌》，因袭的也是强力创造产权，换句话说就是外生产权的思路。而安迪森—赫尔的产权理论认为，当存在着分享收益的安排时，产权是内置于社会的，内置于共同体内部的，其可以引导收入分配结构的变化。[秦海《制度的历史分析》载吴敬琏主编《比较》（第四辑）中信出版社，2002 年，第 179 页。]

3. 产权的保护和“贫困陷阱”

在一个社会里，拥有一定财产的公民总是期望产权得以保护；而没有财产的成员则会更倾向于产权不清。经济学分析表明，产权不清会导致一个国家陷入

“贫困陷阱”，而在贫因陷阱中的国家则永远不可能达到高收入的稳定状态。当产权保护有问题时，即使生产的边际生产率提高，投资仍然不会很旺盛。相反，投资能够获得产权保护的社会，经济增长便会符合新古典经济学模型。

4. 产权形成发展的几个阶段

在人类社会发展历史上，对产权的界定（实质上是建立产权的排他性）经历了由“易”到“难”、由“简单”到“复杂”、由“外”到“内”的过程。从历史来看也是如此，产权的演变首先是不准外来者享用资源，然后是制订规章制度限制内部人员开发资源的程度。可以说，建立排他性的产权制度是人类经济发展史上的一次伟大革命。排他性弱的地方也就是外部性严重的地方。一些“公共品”和“公共产权”存在的重要原因之一就是建立排他性产权的成本太高。外在性内在化的首要问题就是内在化成本高低的问题。

人类社会发展过程中产权及其制度的产生、演变、发展大体经历了三个阶段：

（1）建立排他性的产权制度，人类社会早期的历史在某种程度上讲就是一个建立排他性的产权制度的历史；

（2）建立可转让性的产权制度，产权的交易、转让是与社会分工、市场经济制度的发展联系在一起的；

（3）与各种组织形式创新联系在一起的产权制度，如股份公司制度的建立使产权的分割、转让、交易等更加容易，从而使产权制度效率不断提高。

（三）影响产权形成的因素

产权的形成受许多因素的影响，归纳起来主要有以下几点：

1. 技术

马克思认为，社会制度结构基本上以技术为条件。在人类社会技术因素是制约产权制度演变的一个重要因素。一些技术的发明降低了实行所有权的费用。但有时所有权并没能让个人收益和社会收益相等，其原因有二：

（1）可能缺乏技术阻止“搭便车”或强迫第三方承担他对交易成本的份额。使局外人不得受益的技术直到今天仍一直是代价很高和不完善的。

（2）对任何团体和个人来说，创造和实施所有权的费用可能因相关技术缺乏而超过收益。[（美）道格拉斯·C. 诺思等著《西方世界的兴起》，学苑出版社 1988 年版，第 6、7 页。]

2. 人口压力

人口与资源的矛盾必然促使人们建立排他性的产权。当动植物相对于人类人口的需求还算丰盛的时候，就没有激励机制去承担因建立对动植物的产权所产生的费用。人口变化还通过影响土地和劳动的相对价格，从而在改变经济组织和产权中起着同样的决定作用。在人类社会早期，离开了人口这个因素，我们就很难解释产权的起源。

3. 资源的稀缺程度

资源的稀缺程度是人口变化的函数。某一资源稀缺程度的增加也必然伴随其价值的上升，从而对其产权的界定是划算的（即产权界定的收益大于产权界定的成本）。在本质上，经济学是对稀缺资源产权的研究（阿尔钦）。人类社会早期所建立的排他性产权就是从最稀缺的资源开始的。因为只有在稀缺性增大的过渡时期内，才值得去承受建立和行使产权所必需的费用。产权能够限制开发资源的速度。（试看我国的资源开发与产权的关系）

4. 要素和产品相对价格的长期变动

要素和产品相对价格的长期变动是历史上多次产权制度安排变迁的主要原因之一。某种要素价格的上升，会使这种要素的所有者相比其他要素而言能获得相对更多的利益。某种产品价格的上升，也会导致用来生产这种产品的要素的独占性（包括建立更明确的排他性产权）使用更具有吸引力。

相对价格的变动还会影响产权变迁的方向、速度及其规模。在人类历史上，相对价格变动在提高资源配置的效率方面往往伴随着产权及其制度的变迁。换言之，一些价格变动如果不伴随产权及其制度变迁，不仅不能提高资源配置的效率，反而可能导致资源的更低效使用。这是因为现存产权结构引导着人类的经济行为，一种产权制度下的行为不同于另一种产权制度下的行为。

史前人类把劳动与自然资源结合起来进行谋生，自然资源不论是狩猎的动物还是采集的植物，开始都是作为公有财产而被占有的。这种类型的产权意味着所有人都能自由使用这些资源。经济学的一个基本常识是：无限制地使用一种资源会导致其无效率性。当对资源的需求增加时，这种无效率会导致资源的枯竭。目前世界上最大的“公共财产”要算公海了。这可能是国际社会未来面临的难题之一。

（四）原始产权模型的特点

原始产权模型的特点可以概括为以下几个方面：

（1）原始模型是最符合产权效率的标准模型。在原始模型里，资源配置可以达到帕累托最优。这类似于新古典经济学所描述的完全竞争市场。

（2）参与者还没有形成相对固定的集团，参与者相互之间的博弈及其根据不断变化的外部力量来选择产权形式。所以原始模型主要是分析人类社会的初始产权界定或产权的形式。

（3）原始产权模型重点分析了排他性产权的建立过程。在建立排他性产权的过程中，由于测量或其他方面的原因，一些产权界定的费用太高就会成为公共产权。

（4）在原始模型里不存在国家，因而政治、法律对产权形成的影响可以不考虑。在原始产权理论中政府的作用是不甚明了的，模型假设政府会创造一个一般的产权框架，使个人能够通过劳动分工和市场交易使社会净财富最大化。在存在较高的交易费用的情况下，政府或者将产权直接分配给个人或者重新用其他方式界定产权使财富最大化。

原始产权模型可以解释初始产权的起源，但如果在更长的历史长河中来考察产权的演化，那么其局限性就显现出来了。原始产权模型只是考虑了某一项资源产权界定的成本—收益随着市场的变化而发生了变化，同时这些资源还没有确定的主体，并且新的产权安排是有利的，这时新的产权安排就会产生。但是既有的产权安排尽管有一种新的产权可以替代它，并且净收益很大，然而，这种既有产权安排背后的利益主体会因为新的产权安排而会有所损失，他们会阻止新的产权安排。

二、存在利益集团的产权模型（既定社会制度下分析）

要点：利益集团的形成及利益目标；不同利益集团（包括大小、形成的历史等）对产权形成的影响；利益集团影响产权形式的途径和方式。

有关利益集团形成的理论：

1. 公共选择理论

以奥尔逊为代表的集体选择理论与公共选择理论既有联系又有区别。在以非市场决策为研究领域方面，它们是一致的，但集体选择理论更偏重于集体行动或集团行为的分析。奥尔逊在其《国家的兴衰》（1982 年）中扩展了他的早期分析，用寻租理论分析经济制度。奥尔逊认为，集体行动跟个人行动一样是自然的，一旦“公共品”被控制，特殊利益集团将发展起来。

公共选择理论学者论证说，许多制度都是由独裁者、强势利益集团和政治上的多数派创立的，他们建立这些制度的目的就是为了牺牲他人利益从而使自己获利。例如，公共选择理论就认为国家所有权就是在任的政治家用来向庇护人分配职位和取得政治支持的一种手段（Shleifer 和 Vishny，1998）。（S. 詹科夫、R. 拉·波塔等《新比较经济学的新视角》吴敬琏主编《比较》，第 4 辑，2002 年。）

2. 奥尔逊的集体选择理论

奥尔森把集体利益区分为两种：一种是相容性的（inclusive），另一种是排他性的（exclusive）。

前者指的是利益主体在追求这种利益时是相互包容的，如处在同一行业中的公司在向政府寻求更低的税额以及其他优惠政策时利益就是相容的。用博弈论的术语来说，这时利益主体之间是一种正和博弈。

后者指的是利益主体在追求这种利益时却是相互排斥的，如处于同一行业中的公司在通过限制产出而追求更高的价格时就是排他的，即市场份额一定，你多生产了就意味着我要少生产。这时利益主体之间是一种零和博弈。

与此相适应，奥尔逊把集团分为相容性集团和排他性集团。在他看来，较之排他性集团，相容性集团就有可能实现集体的共同利益。

奥尔森的集体行动理论的基本思想有人认为可以简单地概括为，个人理性不是实现集体理性的充分条件（张宇燕，1995）。

按照奥尔森的分析，集体行动的形成取决于两个重要条件：①组成集团的人数足够少；②存在着某种迫使或诱使个人努力谋取集体利益的激励机制（他称之为“选择性刺激”）。

寻租阻碍经济增长：他的主要观点是：寻租过程（人们为自己特殊利益进行疏通而组成集团）给社会带来了限制和约束，减慢这个社会的增长率。他认为，如果一个国家不经历战争一类突发性的制度变化（有人把这种变化称之为“奥尔逊振荡”），那就不能打破这些既得利益集团，会出现“制度优化”，经济增长将变得越来越缓慢，最终停滞。

（二）不同利益集团对产权形成的影响

1. 产权的选择不一定最优

实现个人财富最大化有不同途经：（1）可以在既定的制度框架内专心于生产；（2）改变权利结构。即从规则制定者、立法者和政府机构中争取法律或规则的有利变动。具体的途径取决于改变权利结构的相对成本。当成本较低时，有影响的利益集团会影响制定一些使社会的生产能力只部分实现的经济制度。

这往往导致社会的产权安排并不是最佳选择，这种产权安排对于既得利益集团来讲是收益最大化，但是对于全社会来讲就不是收益最大化。加入不同集团以后，产权的选择不一定是最优的了，对某一集团有利的产权安排不一定有利于其他团体。

2. 产权的安排取决于利益集团对统治者的影响力

在制度选择上为什么少数人的力量有时会大于多数人：在利益集团中失利的往往是那些从属于大集团的个人，这主要有三个方面的原因：一是获得有关可靠信息的高额成本；二是“搭便车”问题；三是相对较小的人均受损额。［（冰）

思拉恩·埃格特森《新制度经济学》商务印书馆 1996 年，第 62 页。]

越是小的利益集团越是容易达成一致意见，从而可以影响统治者。为什么少数人能愚弄多数人呢？有两种相互联系的原因：产权结构的边际变化能导致人们的收益和成本的不公平分配，而在这些变化中，得益者和受损者之间的信息分布不对称。[（冰）思拉恩·埃格特森《新制度经济学》商务印书馆 1996 年，第 60 页。]

利益集团对统治者的影响力决定制度安排：人人皆大欢喜的制度是不存在的。因此，一种制度能否得以实行，就要看一个社会的决定政策的权力掌握在什么人的手中。如果一个社会的决定政策的权力不是掌握在社会大多数人的手中，而是掌握在少数人的手中，那么，即使存在一种对社会大多数人来说是有效率的制度，但只要它对少数决策者是不利的，会使他们的既得利益受到损失，这种有效率的制度也很难得到采纳和实行。并且，即使其他人试图对现存制度进行变革，他们也会竭力地予以压制，以维护既存的制度。当然，如果一个社会的决定政策的权力是掌握在社会大多数人的手中，便不会存在这种社会利益与统治者利益的矛盾。在这种情况下，社会对制度的选择，就仅仅受技术因素的制约，而不会受到既得利益因素的制约，从而制度的选择也就会具有更大的灵活性，制度变迁的路径依赖特征（Path-dependent Character）也就会较弱。

3. 既得利益集团阻止有效的产权制度变迁的原因

（1）从舆论上打着国家利益的招牌，进行院外活动，影响政府制定对自己有利的产业政策或保护政策；

（2）对新的进入者设置障碍，即斯蒂格勒所说的一种管制需求，强调管制，以行政的手段分配资源等；

（3）在这种有利益集团影响的行业或部门往往形成以行政垄断为支撑的产权结构，其他经济主体很难进入这些行业，产业缺乏竞争，从而导致低效。

案例：利益集团是如何影响产权的。

（1）利伯凯普（1986）描述了美国从 1933 年到 1972 年对国内原油限制产量的制度，在这一时期，原油产量根据市场需求在各州、各油田和采掘单位中间按比例分配。利伯凯普和威金斯在他们对于美国采油业的研究中，是用大量的、高成本的政治影响来解释全国石油卡特尔的政策以及得克萨斯州和俄克拉荷马州有关油田的产权结构的。

（2）秘鲁的例子。在秘鲁，政府管理规则占有很重要的地位，而这些规则一般对经济增长与发展是毫无积极意义的。

秘鲁高昂的进入费用与无所不在的经济管制条例导致了大量非法和半合法的

地下经济部门的产生，据估计大约有一半人口在这一部门工作。

世界银行的一份研究报告显示，贫困国家对企业的限制最多，而富裕国家对企业的限制最少。报告具体举例说，在澳大利亚注册一家企业只需要两天，而在海地则需要203天；在突尼斯执行一份合同只要7天时间，而在危地马拉则要超过4年。

4. 垄断行业产权结构形成中的利益集团问题

管制下的既得利益：在管制下，市场竞争已失去了作用，谁获得了管制的特许权和经营权，谁就获得了垄断地位，同时谁也就获得了丰厚的利润。

放松管制的障碍来自于受管制者：①放松管制，会增加受管制企业的重构或重组的成本。②放松管制，受管制企业将面对激烈的市场竞争，增加风险。③为保护既得利益，不断设置各种进入障碍。

垄断的危害：每个产业的利益集团都有从国家谋求保护或管制的欲望。保护和限制得越多的行业就越缺乏竞争力。一些垄断行业为了追求本部门利益最大化，往往打着国家的利益招牌，也就是把部门利益等同于国家利益，拚命地限制其他企业的进入，用垄断高价维持自己的超额利润或掩盖自己的亏损，这些往往引起消费者的投拆，从而引发社会矛盾。

中国的行业垄断：在我国大多数垄断行业，“政府管制”与“行业垄断”是两大顽症，或者说是由于行业的垄断性决定政府管制的持续性。我国国有经济在铁路、邮电通信、金融保险、城市公用事业等公共企业仍占垄断地位。通过自己的垄断地位，通过提价和乱收费来掩盖自己的效率低下和亏损并追求收入的最大化，是目前我国垄断行业普遍存在的问题。据统计，这些行业职工平均工资比全国企业平均水平高出50%～120%。用现代经济学的观点来看，基础设施领域是影响社会交易费用大小的一个重要因素。这些基础设施行业的垄断格局不仅增加了本行业的成本，也增长了其他行业的成本。

对于国家来讲，“政府管制”与“放松管制”已成为两难困境：从深化市场化改革和消费者角度讲，应该放松管制和行业垄断；但是从国有企业的生存和国家财政收入的角度讲，国家又不能立刻放松管制和行业垄断。中国的渐进式改革，决定了国家决策者要不断地在这两者之间寻找到均衡点。

结论：上面所列举的例子与原始产权理论是相矛盾的，对于经济制度演变的历史和现状的初浅了解就可以让我们认识到原始模型不能作为一个一般化的理论。所以更一般化的理论应该包括利益集团的产权模型及国家理论的产权模型。

三、存在国家的产权模型（长期变迁）

（一）新制度经济学的国家理论

国家的定义：按照新制度经济学的定义，国家是一种在某个特定地区内对合法使用强制性手段具有垄断权的制度安排，它的主要功能是提供法律和秩序。国家作为一种具有垄断权的制度安排在许多方面不同于一些竞争性的制度安排（如市场、企业等）。国家独特的地位决定了在任何长期变迁的分析中，国家模型都将占据显要的一席。

国家理论的特点：

（1）把国家视为一种组织。"国家可视为在暴力方面具有比较优势的组织，在扩大地理范围时，国家的界限要受其对选民征税权力的限制。"[（美）道格拉斯·C. 诺思著《经济史中的结构与变迁》，上海三联书店 1991 年版，第 21 页。]既然国家可视为一种组织，那么关于企业的理论也就可以用来分析国家问题了，这无疑为国家问题的研究提供了一个新的视角。

（2）揭示了国家与产权的内在联系。新制度经济学认为，离开产权，人们很难对国家作出有效的分析。因为产权的本质是一种排他性的权利，在暴力方面具有比较优势的组织处于界定和行使产权的地位。国家理论"关键的问题是解释由国家界定和行使的产权类型以及行使的有效性。最富有意义的挑战是，解释历史上产权结构及其行使的变迁"。[（美）道格拉斯·C. 诺思著《经济史中的结构与变迁》，上海三联书店 1991 年版，第 21 页。]"我研究的重点放在制度理论上，这一理论的基石是：①描述一个体制中激励个人和集团的产权理论；②界定实施产权的国家理论；③影响人们对'客观'存在变化的不同反应的意识形态理论，这种理论解释为何人们对现实有不同的理解。"[（美）道格拉斯·C. 诺思著《经济史中的结构与变迁》，上海三联书店 1991 年版，第 7 页。]

（3）揭示了国家的内在矛盾。新制度经济学在对历史的研究中发现，"国家的存在是经济增长的关键，然而国家又是人为经济衰退的根源"[（美）道格拉斯·C. 诺思著《经济史中的结构与变迁》，上海三联书店 1991 年版，第 20 页]。这一悖论使得那些主张国家干预论者与自由主义经济学家们不得不重新"审视"一下自己的理论。新制度经济学是把国家置于一种"矛盾状态"中来分析国家在制度变迁以及社会经济发展中的作用的。

分利联盟和寻租决定国家兴衰

分利联盟的定义：有利益集团存在的情况下，国家的产权安排很难达到最优。在奥尔森看来，导致影响国家命运的要素就是"分利联盟"。所谓"分利联盟”（distributional coalitions）是指由一批希望采取集体行动来增加自身收入份额的个人所形成的组织。

分利联盟建立的前提：成功地运用“选择性刺激”和“人数控制”的方法克服形成集体行动的两大障碍“搭便车”和“理性的无知”。

分利联盟的活动不可避免地损害经济增长：对于分利联盟来讲，既可以通过促进整个社会生产率的提高来改善本利益集团的福利，也可以尽可能地为其成员争得社会生产总额中更大份额来改善本利益集团的福利，分利联盟一般地选择后者。现在一些新制度经济学家认为，在奥尔森的集体行动理论基础上，可以构造新制度经济学的国家理论。

用寻租理论解释历史上人类社会为什么不是总能选择有利于经济发展的产权。有关寻租理论和产权理论的相关关系是一个经常被研究的问题，布坎南（1980）将寻租理论视为产权理论的一个扩展。本森（Benson）（1984）证明了二者可以得出完全相同的结论，但他又指出产权理论范例提供了更深入的见解。寻租被定义为个人为增加个人财富所作出的对社会净财富发生不利影响的努力。这一研究思路和我们前面讨论的产权的利益集团理论是基本相似的，二者都根植于立法和政府活动中的利益集团理论。

许多有关寻租理论的文献，常常假设当利益集团受到控制的时候，政府会提供使产出最大化的产权结构。这两点在寻租理论的一部代表著作，奥尔森（1982）的《国家兴衰探源》中表现得很明显。奥尔森还用他在《集体行为的逻辑》中的理论证明，特殊利益集团需要长期的社会稳定才能克服“搭便车”问题以形成一个分利联盟，只有在分利联盟形成以后，他们才能够寻求那些阻碍经济增长的特权；而在另一方面，大变动往往会摧毁压力集团并使经济迅速增长成为可能。换句话说，当分利联盟力量较弱时，政府会提供一个与原始产权理论相近的产权结构。换言之，如果存在分利联盟，政府提供一个与原始产权模型相近的产权结构是不可能的。

在施蒂格勒看来，国家是一个社会中每个产业潜在的资源或潜在的威胁。国家可以而且确实通过禁止或强制、取走或给予资金等方式有选择地帮助或损害了许多产业。国家具有强制权，可以通过税收获取金钱，还可以决定物质资源的运动，影响家庭和厂商的经济决策。这些权力就为一个产业利用国家提高赢利提供了可能性，国家能给一个产业带来的利益实际上为一个产业的寻租提供了可能性。

（二）国家选择产权的制约因素

（1）意识形态及宪政秩序。统一的意识形态可以大大地降低社会的交易成本。每个国家都有自己的意识形态，国家偏好什么样的产权制度，将会大大地决定一国产权结构的选择。国家对产权制度的偏好体现在宪法及相关法律体系之中。宪法及相关的法律体系决定一国产权结构及其选择。

如在我国，根据解决和发展生产力的要求，坚持和完善公有制为主体、多种所有制经济共同发展的基本经济制度。第一，必须毫不动摇地巩固和发展公有制经济；第二，必须毫不动摇地鼓励、支持和引导非公有制经济发展；第三，坚持公有制为主体，促进非公有制经济发展，统一于社会主义现代化建设的过程中，不能把这两者对立起来。这种对基本经济制度的规定将决定我国产权结构的选择及其发展。

（2）产权选择中的路径依赖。过去产权的选择将在相当程度上影响着现在以及将来产权的选择。人类社会从原始的公共产权到后来的私有产权，这当中经历了相当缓慢的过程。这涉及从一种产权安排转向另一种产权安排的转换成本、不同利益主体在产权调整中利益及其补偿、产权转换中公平与效率的矛盾等。这就会产生产权选择中的路径依赖。

在阿尔钦、德姆塞茨的产权理论以及菲吕博腾和佩约奇对产权的综述文献中，产权基本上都是自我强制性的。在阿姆拜克的加州黄金冲击案例研究中，他提出了强力创造产权（Might makes rights）的理论。后来，有一本关于演化论的《钢铁、枪炮和细菌》，因袭的也是强力创造产权，换句话说就是外生产权的思路。而安迪森—赫尔的产权理论认为，当存在着分享收益的安排时，产权是内置于社会的，内置于共同体内部的，其可以引导收入分配结构的变化。[秦海《制度的历史分析》载吴敬琏主编《比较》（第四辑）中信出版社，2002 年，第 179 页。] 在这两种产权演进方式中，其产权选择的路径依赖是有差异的。自我强制性的产权安排与强力创造产权安排相比，更容易产生产权选择的路径依赖。

（3）国家双重目标及其冲突对产权选择的影响。按照诺思的分析，国家有双重目标：一是界定形成产权结构的竞争与合作的基本规则（即在要素和产品市场上界定所有权结构），这能使统治者的租金最大化；二是在第一个目标框架中降低交易费用以使社会产出最大，从而使国家税收增加。换言之，国家有两个方面的目标，它既要使统治者的租金最大化，又要降低交易费用以便全社会总产出最大化，从而增加国家税收。然而，这两个目标是相互冲突的。也正是因为存在着这样的冲突并导致相互矛盾，乃至对抗行为的出现，国家由此兴、由此衰。在国家的双重目标为既得利益集团追求最大化留下了活动的空间。在界定形成产权结构的竞争与合作的基本规则过程中，相关利益集团之间为了争取利益最大化就会不断地博弈。什么样的产权安排有利于地方经济发展成为地方官员选择产权的一种激励。

（4）财政约束。国家选择什么样的产权结构及其制度，财政约束是其中的一个重要因素。从总体上看，如果一种产权结构（如产权B）比另一种产权结构（如产权A）更有利于财政收入的增加，那么国家就会偏向于选择产权结构B。这种财政约束往往是“硬”的。“政府一般会保护和建立产权，因为他们可以比私人自发团体以更低的成本做到这一点。但是，政府的财政动机也许会引导建立对于增长有害而不是有益的产权；因此，我们不能保证有效率的制度安排总会出现”。（诺思和托马斯《西方世界的兴起》，第7页。）

（5）不同利益集团力量的对比及对政府的影响。按照奥尔森的理论，如果分利联盟的力量较强，那么一个国家产权的选择就会受分利联盟的偏好及其利益的影响。国家在某种程度上讲是不同集团的集合体。统治者就是这些不同集团利益的“均衡者”。制度安排（包括产权制度）的变迁经常在不同选民中重新分配财富、权力和收入。如果变迁中受损者得不到补偿，他们将明确地反对这一变迁。

结论：包括产权在内的各种制度安排并不完全取决于效率（或经济）原则，它们还取决于不同利益集团的规模、地位以及与统治者的关系。人类历史上无效率产权之所以成为“常态”的根源也在于此。离开产权，人们很难对国家作出有效分析；同样地，离开国家，人们也无法对产权进行有效分析。

第三节　产权结构的效率

本节要点：从新古典效率模型出发，重点讲解科斯和德姆塞茨的产权结构的效率理论，诺思的有关理论则在国家理论中阐述。

一、新古典经济学关于效率的观点

新古典经济学模型特点：新古典经济学从资源稀缺性这一事实出发，把斯密关于经济可以通过市场和价格机制实现协调发展的命题形式化。阿罗—德布罗的一般均衡模型，是新古典经济学的典范。他从个人理性、市场出清和理性预期出发，运用数学上的凸性和不动性原理，证明了市场均衡与帕累托有效配置是等价的。

新古典主义把世界描述成是和谐的、美好的，所有的变化都可以通过市场的完全运行来实现。简言之，信息费用、不确定性、交易费用都不存在。

模型的基本假设：

（1）必须存在这样一种激励结构，它使得个人在边际上完全能获得投资的社会收益，即私人收益与社会收益相等。为使之成立，又要求产权被充分地界定且其没有行使成本（即交易费用为零）。

（2）它假定由于能使增加自然资源存量的成本不变，因此新知识的获取与运用不存在收益递减。然而，仅仅到了现代，科学技术的进步才使得克服收益递减成为现实。

（3）它假定储蓄存在着正收益。储蓄正收益的存在同样取决于产权结构。通观历史，收入的储蓄率和资本形成率（实物的本人力的）通常是极低的，有时甚至为零或负数。产权的保障是储蓄率和资本形成率的一个决定性因素。

（4）它假定抚养儿童的私人成本与社会成本相等。这意味着，不仅仅要控制人口的出生，而且由于激励与非激励的制度结构的存在，要调整人们的生育决策，同时改变增加人口的社会成本。历史上的马尔萨斯拐点的循环，提供了一个充分的证据，表明这一条件是不可能达到的。

（5）它假定人们的选择与其期望的结果是一致的。新古典理论对经济史的基本推论所持的重要观点是，在不确定条件下（由于无人知晓决策的确切结果），个人盈利或福利的最大化是不可能存在的，但福利最大化的结果却出现了，这仅仅是因为在普通存在稀缺性的情况下，竞争使得优胜劣汰。

新制度经济学派接受个人效用最大化假定，在给定交易费用和信息费用不为零的情况下，企图揭示产权、制度对一个社会的资源配置与经济增长所起的决定性作用。本节我们主要介绍科斯与登姆塞茨的观点，至于诺思的有关理论将放在国家理论介绍。

二、科斯定理

（一）科斯定理的含义

“科斯中性定理”：如果交易费用为零，不管初始权利如何配置，自由交易都会达到资源的最优利用状态。（乔治·斯蒂格勒语）

科斯中性定理表明，在交易费用为零时，任何一种制度安排（科斯的文章中讲的是法律规则，这可以看作是一种制度安排的特例）只对财富或收入的分配有影响，而对产出的构成，亦即对资源配置没有影响，有效率的结果总可以通过无代价的市场谈判达到。

“科斯定理”：（第二个层次）在正交易费用的情况下，法律在决定资源如何利用方面起着极为重要的作用。

科斯定理则表明：在交易费用大于零时，制度安排不仅对分配有影响，而且对资源配置及其对产出的构成有影响。因为在某些制度安排下会产生较高的交易费用，从而使有效益的结果不能出现。

（二）科斯的贡献

（1）科斯的贡献在于将制度因素纳入了经济分析。既然交易费用是为正，且为数甚巨，那么它也是节约的对象，制度的一个主要功能就是实现这一节约，这就是制度的效率性质，而不仅仅具有收入和财富分配的作用。由此得出了制度存在的理由，制度选择的标准和制度演进以及创新的动因，从而使一个具有操作性和实证性的制度分析理论的建立成为可能。

（2）科斯的论文被认为是对庇古的损害法分析的一种进攻。科斯不同意这样的结论：通过损害法或征税，政府的行动一般对实现效率是必需的。科斯否定了庇古的如下看法：习惯法因果关系概念对确定责任是有用的指南。他认为损害所代表的外在性有时，或可能常常会自我纠正。在科斯看来，效率问题是由成本与收益相抵的差额来决定的，在这方面，因果关系的作用并非是决定性的。

（3）不管科斯理论功过如何，反正他对人们普通接受的财政观点提出了挑战。在他的论文问世之前，很少有人注意到外在性通过私人协议加以解决的可能性。因此，科斯的主张触及了经济学的一个重大争论的核心。此外，科斯论文的出版可能被看作是后来被作为“法律和经济学”的这个课题的一次突破，鼓舞了成为法律经济学分析开拓者的一代学者。

（三）对科斯定理的不同表述

（1）“自由交换论”：微观经济学的一个中心思想是，自由交换往往使资源得到最充分的利用。关于资源交换的一些论点适用于法定权利交换的种种论点。根据这些看法，科斯定理主要认为，法定权利的最初分配从效率角度上看是无关紧要的，只要这些权利能自由交换。换句话说就是，由法律所规定法定权利分配不当，会在市场上通过自由交换得到校正。

（2）“交易成本论”：由于强调了交易成本论，科斯定理也可以被认为说的是法定权利的最初分配从效率角度是无关紧要的，只要交换与交易成本为零。

（3）“完全竞争论”：除了交易成本外，还存在着对私人交易的一些障碍，从而强调这种“市场机制失灵论”，因而科斯定理还可以被认为是：法定权利的最初分配从效率角度来看是无关紧要的，只要这些权利能够在完全竞争的市场进行交换。

(四) 引申的政策结论

(1) 根据“自由交换论”，法律效力是由明确法定权利并强制履行私人法定权利交换合同而得以保障的。

(2) 根据“交易成本论”，要利用法律最大程度地降低交易成本，而不是清除这些成本。按照这种思路，立法者不是追求有效地分配法定权利，更倾向于通过促进这种交易而取得效率。

(3) 根据“完全竞争论”，保证法律的效率，就是保证有一个法定权利交换的完全竞争市场。

三、德姆塞茨的所有制经济学的框架

(一) 所有制经济学的总框架

德姆塞茨认为，科斯的论题是外部性，而不是所有制。德姆塞茨所讲的所有制（或所有权）等同于产权，其所有制经济学研究的重要课题是不同的产权类型对人们的行为和效率的影响。他建立了一个关于所有制经济学的总框架：

(1) 所有制作为一个外在现象：①所有者的特性（或权利的安排）；②所有制的残缺；③所有制的规范和伦理方面；

(2) 所有制作为一种内在现象：①通过个人行动的配置；②通过合作行动的配置 a. 商业企业（公司）的管理 b. 财富的分配与有效控制。

(二) 所有制作为一种外在现象时的产权分析

按照这个框架，也就是接受所有权来作为一个给定的事实，然后考虑决定所有制的法律框架的某些特征的假定改变所产生的结果。具体地讲，主要是考虑权利所有者主体特性的改变和权利束内容的改变所造成的结果。

(1) 所有者特性的改变所产生的结果：简单地讲，德姆塞茨认为，所有者特性的改变会影响资源的配置或产出的组合，同时还会影响财富的分配。

(2) 所有制残缺所产生的结果：研究表明，对定价权利的限制会导致短缺和排队，对租金的限制使住房竞争更依赖于肤色、信仰、家庭大小。一般的结论是，对人们实施专门的所有权的能力的限制，会导致他们在更大程度上依赖于企图使效用最大化的边际替代调整。其结果是物品的不同分配和内含的财富不同分配。

(三) 所有制作为一种内生现象时的产权分析

这就是要研究决定所有制的权利束发生变化的原因。就这一点来看，所有制本身可以被看作是对相应的成本与收益的回应。一个关于所有制的实证理论要求对这些决定所有权结构的因素有一个系统的论述。与科斯世界不同，在权利处于变化和演进的世界里，信息和交易服务费不可能为零，所有者特性、所有制权利束的内容以及所有制结构都是会产生结果的。这就是为什么有些权利束在一些条件下比在另一些条件下更为适当的原因。

（1）用个人行动配置的论述方法论述所有制：它假定所有者的决策不需要别人合作就能完全得到执行，资源由决策来配置，代理问题虽然不能完全消除，却也大大减轻。德姆塞茨认为，不同性质的所有制（如公有制、完全私有制、国家所有）权利束的内容是十分不同的，由于资源的稀缺程度不同，因此所有制的生产性存在差异。对那些并不稀缺的资源实施私有制所获得的收益很小，且这样做可能是有成本的。与资源配置的实际问题更为相关的是，当稀缺资源所投入的可选择的使用增加时，完整所有制的生产率就会增加。总之，成本和收益的条件发生变化，会影响所有制权利的可能变化方向。

（2）由合作行动配置的论述方法论述所有制：它考虑了有关一队人在实际上实施所期望的资源配置的可能性时的所有制如何。为了执行所有者的决策，就需要有合作行动，代理问题（偷懒、机会主义）成了要集中关注的方面。德姆塞茨认为，一个社会的规模越大，它就越是会制定一些私有制的安排（或它自己将更加孤立于国际竞争与社会相互作用之外）。在一个较大的社会要通过官僚化的激励是不会获得对资源的有效的和非常指令性的控制（导引人均财富的增加）的。自利必然会约束人们行事，控制的经济要求分权化，而有效的分权化就要求极大的私有化。

四、国有制、共有产权与私有产权对效率的影响

（一）定义

所谓的私有产权、共有产权和国有产权，实质上是将一种经济物品使用选择的权利（即排他性的使用权、收入的独享权、自由的转让权）界定给了不同的行动团体。

私有产权就是将资源的使用与转让以及收入的享用权界定给了一个特定的人，他可以将这些权利同其他附着了类似权利的物品相交换，他也可以通过自由合约将这些权利转让给其他人，他对这些权利的使用不应受到限制。

共有产权则意味着在共同体内的每一成员都有权分享这些权利，它排除了国家和共同体外的成员对共同体的任何成员行使这些权利的干扰。

国有产权在理论上是指这些权利由国家拥有，它由可接受的政治程序来决定谁可以使用或不能使用这些权利。

（二）不同产权的效率分析

产权效率的一般分析：一种产权结构是否有效率，主要看它是否能为在它支

配下的人们提供将外部性较大地内在化的激励。德姆塞茨认为，当内在化的所得大于内在化的成本时，产权的发展是为了使外部性内在化。内在化的增加一般会导致经济价值的变化，这些变化会引起新技术的发展和新市场的开辟，由此而使得旧有产权的协调功能很差。不过在一个共同体对私有制偏好既定的情况下，新的私有和国有产权的形成将是对技术和相对价格的回应，与效率的实现关系重大。

共有产权的效率：在共有产权下，一方面，由于一个共有权利的所有者追求最大化个人价值时，一部分成本可能由共同体其他成员来承担；另一方面，由于他无法排除其他人来分享他努力的果实，所有成员要达成一个最优行动的谈判成本也可能非常之高，因而，共有产权导致了很大的外部性。

国有产权的效率：在国有产权下，①由于权利是由国家所选择的代理人来行使，代理人的权能不可能是充分的，因而存在着他对经济绩效和其他成员的监督的激励降低；②国家对代理者进行充分监察的费用极其高昂；③再加上行使国家权利的实体往往为了追求其政治利益而偏离利润最大化动机，因而它在选择其代理人时也具有从政治利益而非经济利益考虑的倾向，因而国有产权下的外部性也是极大的。

私有产权的效率：在私有产权下，私产所有者在作出一项行动决策时，他就会考虑未来的收益和成本倾向，并选择他认为能使他的私有权利的现期价值最大化的方式，来作出使用资源的安排，而且他们为获取收益所产生的成本也只能由他个人来承担，因此，在共有产权和国有产权下的许多外部性就在私有产权下被内在化了，从而产生了更有效地利用资源的激励。

(三) 影响产权结构的其他因素

一个社会产权结构的选择，以及从一种结构向另一种结构的变迁，除了上面讨论的产权的经济功能外，还要受到以下几方面的影响：①一个政府对所有制的偏好而这一偏好又主要以它所能给政治家带来的收益而定；②一个社会群体对一种产权结构或一项具体产权安排的接受程度；③能促进人们将外部性内在化的技术状况和技术创新；④在面对新的获利动机时，原有产权结构下的受益者和受损者所可能作出的反应。

(四) 不同产权安排对政府官员行为的影响

不同的产权安排对社会经济结构的影响是不一样的，同时，不同的产权安排也将对政府官员的行为产生重要的影响。

道格拉斯·诺思曾经指出，私有产权能对政府行为形成一种制约，而过大的公共领域必然增加国家对经济的干预。公有制经济比私有制经济有着产生腐败现象和贿赂行为的更加广泛的客观基础。有效的制度可以降低交易成本，但是，非私有权制下的租耗却是在侵蚀制度、违背规则的条件下产生的一种不必要的损耗。

不同产权安排的运作成本不是一样的。共有产权节约了类似于私人产权的界定和执行成本，但是产生了更高的类似于“租耗”的其他形式的交易成本；私有产权较少地带来租耗，但相应的界定和执行成本也是比较高的。

张五常（1996 年）认为，广义而言，人类社会已知的产权结构存在三种形式：第一种是私有产权；第二种是发生在前苏联东欧制度的国家中，权利是通过等级制度来定义的；第三种可称之为“印度综合症”，其中，腐败权力已通过管制和许可证制度制度化了。

为什么私有产权较少地带来租耗？私有产权可能排他性地使用、收益和转让。由于存在信息成本，任何一项权利都不是完全界定的。没有界定的权利于是把一部分有价值的资源留在了“公共领域“里。公共领域里全部资源的价值也叫作“租”。

产权界定的演讲过程有理论上的均衡状态（没有人愿意偏离这个状态）：对每一个潜在的寻租者而言，寻租的边际成本等于该寻租者在其已经享有的权利下能够得到的租的边际增量（汪丁丁 1997 年）。

德姆塞茨认为，当一种公共资源的经济价值上升时，公众倾向于把这种资源的产权界定得更加清楚。

而张五常和巴泽尔分别指出，决定了产权界定的不是资源的总价值（租），而是资源对特定个人（潜在寻租者）的价值减去攫取资源所需的成本（寻租成本），即资源的净价值（净租）。

按照西方产权理论分析，租金一般都存在于公共领域，公共领域的产权私有化过程也是交易成本产生的过程。当某一公共领域的产权形成以后，寻租就失去了意义。因为公共产权私有化的过程也是一个租金内在化的过程。私有产权的产生和动作尽管带来了交易成本，但是它减少了公共领域由于缺乏产权约束而带来的租耗。我们可以把公共领域产权界定过程看作一个寻租过程。从长远和动态的过程来看，公共领域的私有产权形成后，其交易和动作主要是一个交易成本问题了。但在非私有制度下，公共领域的租金分配过程主要是一个设租与寻租的博弈过程。这种租耗（或者称为制度运作费用）可能会远远高于私有产权制度下的交易成本。

第四节　产权与企业制度

本节要点：企业的性质和企业的类型。

一、企业的性质

（一）科斯“企业性质”

企业的产生是为了降低交易费用：企业为什么会代替市场？罗纳德·科斯在他的论文《企业的性质》（1937）中对这个问题作了回答。科斯认为，企业就是作为通过市场交易来组织生产的替代物而出现的。按照科斯的说法，企业超越市场交易的好处是增加收益，这是降低交易费用的结果。实际上，企业在产品市场上减少了一系列交易的同时，往往在要素市场上增加了另外一系列交易。所以企业的有效规模取决于其边际收益等于其边际成本的那一点。所以，企业内部，生产要素不同组合中的讨价还价被取消了，行政指令替代了市场交易。那时毋需通过生产要素所有者之间的讨价还价，就可以对生产进行重新安排。当然这并不意味着通过企业组织交易的行政成本必定低于被取代的市场交易成本。只要企业的行政成本低于其所替代的市场交易的成本，企业活动的调整所获的收益多于企业的组织成本，人们就会采用这种方式。

政府的直接管制也可降低交易成本：政府是一个超级企业（但不是一种非常特殊的企业），因为它能通过行政决定影响生产要素的使用。政府如果需要的话，就能完全避开市场，而企业却做不到。这种权威性方法可以省去许多麻烦（就组织中的行为而言）。进而言之，政府可以依靠警察和其他法律执行机构以确保其管制的实施。

政府管制的作用分析：政府行政机制本身并非不要成本。实际上，有时它的成本大得惊人。基于这点考虑，直接的政府管制未必会带来比由市场和企业更好的解决问题的结果。但同样也不能认为这种政府行政管制不会导致经济效率的提高。

人们必须明白，问题在于如何选择合适的社会安排来解决有害的效应。所有解决的办法都需要一定成本，而且没有理由认为由于市场和企业不能很好地解决问题，因此政府管制就是必要的。实际上，对政策问题要得出满意的观点，就得进行耐心的研究，以确定市场、企业和政府是如何解决有害效应问题的。经济学家和决策者一般都有过高估计政府管制的优点的倾向。

（二）阿尔钦和德姆塞茨的队理论（核心是研究合作生产）

企业是队生产所诱致的：根据科斯理论，企业的特征是通过普通的市场拥有更为优越的权利（如命令强制或对行动的纪律约束等）来解决问题的。阿尔钦和德姆塞茨认为，这是一种幻觉。企业并不拥有自己所有的投入，它也不具有命令、强制及对行动的纪律约束等权利，这同任何两个人之间普通的市场合约没有丝毫不同。企业的实质不是雇主与雇员之间的长期合约，而是队对投入的使用。在所有投入的合约安排中，处于集体位置的团体充当合约代理人，统一使用所有投入。企业这种合约形式就是队生产所诱致的。

阿尔钦和德姆塞茨企业理论的主要观点：

（1）与科斯企业理论比较：阿尔钦和德姆塞茨是沿着科斯开辟的交易成本的分析方向探讨问题的。同时他们认为在科斯的分析中没有队生产、队组织计量产出的困难、偷懒问题，残余权利者的地位，雇员与分合约者地位的区别等。他们将科斯企业理论向前推进，在交易成本和合同分析的框架下建立了企业理论，特别强调了进行团队生产的企业成员的激励问题。

（2）强调投入的生产率以及对报酬的计量对经济组织的至关重要：计量的重要性在于，它能促进所有投入者的合作，发挥各自在专业化分工与协作中的比较优势，提高整个组织的生产率。计量的目的，就是设计出一种计量的机制，使报酬符合投入的生产力。这是效率的源泉。

（3）队生产（即合作生产）的产出，通常会大于分生产之和加上组织约束队生产成员的成本。所谓队生产，是这样一种生产：①使用几种类型的资源；②其产品不是每一个参与合作的资源的分产出之和，由一个追加的因素创造了队组织问题；③队生产所使用的所有资源不属于一个人。

（4）①通过监督的专门化减少偷懒：如果合作投入的所有者同意监督者享有残余权利，且具有修改合约以及在不终止或改变其他投入合约的情况下，给予个别成员激励的权力。这样监督者就获得了一种作为监督者不再偷懒的追加的激励。这些权利在监督者那里结合，能比非集权的合约安排更好地解决队生产中的偷懒信息问题，从而提高组织效率。②通过市场竞争减少偷懒：由于队生产的特点，必定产生"搭便车"问题，队员能将偷懒的成本转嫁给别人，会产生偷懒的激励，使队生产率受到损害。因此，需要找到能使计量费用和观察费用尽可能低的组织方式，使队员产出与闲暇之间可实现的替代率的休息效应接近真实的替代率效应。从原则上讲，市场竞争可以监督一些队生产，一些偷懒者因为恐于被替代，就会增加努力。生产性投入的队将演化成明显的自发的市场——它没有任何集中的、有组织的代理人、队的管理者或老板。新的挑战者偷懒的激励至少仍然和他替代的偷懒激励一样大，因为他所承担的费用仍然低于他应负责的整个队产出的下降。

（5）企业的形成存在两个必要条件：①通过队导向的生产可能提高生产率，他所使用的生产技术，在直接衡量合作性投入的边际产品时是有费用的，它使得合作性投入之间通过简单的市场交换更难对偷懒予以限制；②通过观察或确定投入的行为来估计边际生产率是经济的。这两个前提条件的同时存在导致了众所周知的古典资本主义企业的合约组织。

（三）威廉姆森的观点

威廉姆森在科斯企业理论的基础之上，进一步分析了交易成本的决定因素以及它们对企业组织产生的影响，强调的是不完全合约情况下关系专用性投资不足的成本，来回答同一问题：企业是如何降低交易成本的，它的界限何在？

1. 行为性假定

威廉姆森认为，实际的人都是契约人，他们无不处于交易中，并用明的或暗的合同来治理他们的交易。契约人的行为特征，不同于经济人的理性行为，而体现在这样两个方面：有限理性；机会主义。

有限理性的定义：按西蒙的定义，有限理性指的是“主观上追求理性，但客观上只能有限地做到这一点”的行为特征。有限理性的重要性在于：①设计或制定合同的事前成本可能是很高的。它表明人们对交易过程中有可能出现的每种偶然事件进行考虑和订约是有代价的，以致人们无法在合同中为各种偶然事件确定对策，或者许多偶然事件根本就无法预测，也无法在合同中列出。②事先没有考虑到的偶然事件会增加事后成本，因为当这些事件出现时就需要重新进行谈判和缔约。③管理成本等增加。由于预料到一定会有某些偶然事件事前没有想到，所以交易各方可能在初始合同中订立如何“善后”的具体措施。

在有限理性假定下，在可行的范围内所有合同现在都成了不完全的了。因而，合同事后的一面便有了特别的经济重要性。研究便于填补有关事前合同的缺陷和解决争端的结构，从而也就成为经济组织的问题的一部分了。

机会主义定义的是人们以不诚实的或者说欺骗的方式追求自利的行为。在委托代理理论中使用的道德危险和代理成本概念，实际含义与机会主义相同。机会主义与自利不同。自利者虽也最大限度地追求自己的利益，但他却永远不会食言或有意歪曲他掌握的信息。相反，在有可能增加自己利益的时候，一个机会主义者却会违背任何诫条。例如，他会不守信用，有意发出对人误导的信息，或者是拒绝向别人透露他持有的而别的需要的人却缺少的信息。

机会主义的一个直接结果是合同风险。在这种情况下，怎样采取措施遏止机会主义也就有了经济意义，当然，同时也带来了新的成本。

研究经济组织的各种理论，对于人的行为都是作出假设的。交易成本经济学将有限理性的假定搭配上不诚实地寻求自我利益的假定，这就为诡计留下了余地。具体地说，在这个理论中，允许经济行为人可以采取有选择的、扭曲的方式透露信息，从而承认有故意设法误导、伪装、迷惑、混淆的行为。

2. 交易的性质

威廉姆森定义了影响交易成本水平和特征的三个性质：资产专用性、不确定性和频率。资产用途的专用性指的是一项资产可调配用于其他用途的程度，或由其他人使用而不损失生产价值的程度。这与沉没成本的概念有关。资产用途的专用性的全部细节只有在不完全合同的背景下才会清晰地让人看到，而在人们谈论交易成本之前是不为人们所认识的。

资产用途的专用性至少可以分为五类：①地点的专用性，将衔接的岗位以相互关系密切的方式来安排场所，以便节约库存与运输费用；②有形资产用途的专用性，如为生产一个部件所需的专用冲垫；③以边干边学方式形成的人力资本用途的专用性；④奉献性资产，这是根据特定客户的紧急要求而在工厂中特意进行的投资；⑤品牌资产。

专用性对交易成本的影响：一旦事前谈判成功，双方都进行了关系专用性投资，因此存在沉没成本。由于合约是不完全的，事后重新谈判的成本也是很高的：①各方可能会对修正合约的条款争论不休；②在事后的讨价还价过程中，由于各方具有不对称的信息，所以他们可能达不成有效协议。而对于这种事后成本的预期，又会产生重要的事前投资不足成本，那就是，各方都不愿作出在最佳（first-best）情况下是最合意选择的专有关系投资。

因为双方都清楚长期合同都是不完全的，需要进行重新协商。而即使重新协商进行得十分顺利，即争论和不对称信息都未产生问题，交易收益的分配也将取决于双方事后的讨价还价的力量，而不是取决于最初合约的规定或是经济有效性。其结果，一方可能不愿作出这种投资，因为他担心在重新签约阶段受另一方的剥削，也就是说，他担心收不回投资成本。这样，各方所作的投资可能都是相对非专有化的。他们以此增加事后寻找交易伙伴的能力，代价是专有化效率的损失，虽然对他们来说，这代价要小于由此得到的安全保障。但是，如果这种互补的关系专用性投资不是在企业之间即在市场中，而是在企业内作出，这种专有化效率的损失是否就可以不再发生呢？威廉姆森的资产专用性理论就是这样同企业的性质问题联系在一起的。

3. 企业的性质

威廉姆森认为，所谓治理结构，其实就是合同关系的完整性和可靠性在其中得以决定的组织框架。交易成本经济学的任务，就是将具有不同性质的交易分派给不同的治理结构，以使交易成本达到最小化。换言之，这也就是为不同的交易分别找到与之最相适宜即使交易成本最小化的组织形式。反过来，这也就是从节约交易成本的角度，来解释各种经济组织的性质和存在的理由及其边界即作用的范围。因此，从上面发展的理论中我们看到了它和企业理论的直接联系：企业对应于一体化的或者叫作统一的治理结构；企业是一个法律实体，它控制一系列的资产，并用自己的名字完成（和其他企业或个人间的）交易。

（1）企业形式的治理结构的特征。在威廉姆森看来，这里的一个重要特征是内部交易替代了外部交易。这对于减少交易成本有明显的作用。

（2）企业治理和市场治理的交易成本差异：第一，市场更有激励，且能限制官僚性的扭曲；第二，市场能汇集需求，从而实现范围和规模经济；第三，企业可动用特有的治理工具。将这两种成本（治理成本和生产成本）合到一起，就可以发现，资产专用性小时，市场采购具有规模和治理优势，相反，资产专用性大时，企业组织就取得优势。

（3）企业治理结构的限制。企业治理可以节约交易成本，但也会增加交易成本。威廉姆森特别谈到了“高能”市场激励和“低能”内部激励的差异（类似于企业代理理论中的代理成本）。正是后者，限制企业成为唯一的治理形式。

二、企业类型

（一）合伙制

古典形式（业主式）特点：前面对以古典形式存在的资本主义企业的解释中有一个明确的假定是由于一个集中的监督者是享有残余权利的人，他能约束他自己，因此，由他管理队的投入的成本要相对低于对队成员的边际产出。还内含着的一个“辅助性”假定是，如果残余权利不全由集权的监督者所有，则队生产的成本会增加。因此，如果所有的队员依赖于对利润的分享，则集中的监督者偷懒的增加所导致的损失将超过对其他队成员不偷懒的激励的增加所导致的产出所得。在等额利润分享制下，偷懒的激励与队的最优规模正相关。

合伙制的特点：合伙制尤其适合于技术性或专业性技能的工作。合伙制更可能发生于亲戚之间和保持长期关系的相识之间，这不仅是由于他们分享了一个共同的效用函数，而且还由于每个人都能更好地知道其他人的工作特征和偷懒倾向。合伙制利用的是自我监督方式，而不是雇主—雇员合约，这种方式保证队的努力的潜在生产率的增加的成本相对小于投入的专门化管理成本，队的努力比通过市场交换的分生产更具生产性。利润分享能促进自我控制，它对于小规模的队和合伙企业更为恰当。

（二）社会主义企业

前苏联国有企业的特点：前苏联企业的所有制的产权的内容与现代资本主义公司的所有制的产权束的内容就有很大程度的相似性。国家对管理者所期望的行为模式的侦察、监督与执行成本事实上可能很大。前苏联的管理者与国家之间的相互关系同资本主义管理者与股东之间的关系相类似。管理者的效用最大化行为有助于抵消中央经济计划的浪费和无效率，前苏联的管理者具有很强的创新动力。

前南斯拉夫的劳动管理的企业特点：前南斯拉夫的企业雇员拥有残余，通过民主选出工人委员会，工人拥有修改或中止合约规定的权利。不过企业雇员的产权束的内容不同于西方股东的产权束内容。一个人对企业的资本存量没有所有权，仅仅拥有使用资本的权利，雇员的地位也与西方股东有两点主要的不同。工人对管理者的占有行为的侦察、监督和执行成本可能较低，企业雇用宁愿多发工资甚过购买追加的资本品。对残余的普遍分享导致用监督者增加偷懒所带来的损失超过分享残余的雇员的偷懒减少所带来的收益。

（三）现代公司

产权方法试图通过强调制度结构与经济激励之间的基本关系，为现代公司提供了一个更为一般的理论框架。E. G. 菲吕博腾认为，现代公司的独特性在于所有者修正或中止队的成员资格的能力降低了。因此公司所有者的产权束同古典企业相比削弱了：

（1）与古典企业相比，有效的所有制即对财产的有效控制集中到管理者手中，是对古典企业产权的第一次法律修正，由此承认了现代公司在获取规模经济时存在较高的谈判成本。

（2）有限责任是第二次法律修订，降低了管理性的所有制对股东产生的很大的外部效应。这两项制度的结合会使公司经营的总成本最小。

（3）当股东的偏好与管理者的偏好不再保持一致时，有组织的证券交易为股东的退出提供了“应急出口”。

（4）有限责任使得股份的购买者不需要详细地审查公司的责任和其他股东的资产，从而大大降低了交易股份的成本。

现代公司，为更多的目的而将决策权力转给一个小的集团来实现，由其与队的其他投入进行谈判，并对它们实行管理。这样，管理者在某些限度内能追求他们自己的目标，因而会将企业导向偏离所有者所期望的利润最大化状况。由于将要成为新的管理团体的市场间的竞争，以及在企业内企图替换现有管理者的成员的竞争，将股票临时冻结到一个或少数竞争者所有的投票集团的控制等各种制约管理者的因素，决定了市场制度在很大程度上能保护股东的财富。

基本概念：

产权　外部性　寻租　私有产权　共有产权　排他性　科斯定理　有限理性　机会主义

思考：

1. 如何理解产权的含义？产权包含那些内容？
2. 产权有哪些特征和功能？
3. 为什么低效率产权的出现总是和利益集团的存在相联系？
4. 什么是企业？企业有什么特点？
5. 业主制企业、合伙制企业及现代公司的产权结构有何特征？

参阅文献：

1. 德姆塞茨：《关于产权的理论》《一个研究所优质的框架》；阿尔钦：《产权：一个经典注释》；菲吕博腾、配杰威齐：《产权与经济理论》，均载于《财产权利与制度变迁》，上海三联书店 1994 年版。

2. 埃格特森：《新制度经济学》，商务印书馆 1996 年版，第 8—10 章。

3. 巴泽尔：《产权的经济分析》，上海三联书店 1997 年版，第 1、2 章。

4. 张军：《现代产权经济学》，上海三联书店 1994 年版，第 4、5 章。

第四讲　制度的构成与制度的起源

制度的有效性决定着个人选择的有效性，从而决定着经济绩效，一个社会如果没有实现经济增长，那就是因为没有为经济方面的创新活动提供激励，也就是说，没有从制度方面保证创新活动的行为主体应该得到的最低限度的报偿或好处。

内容提要：

（1）掌握制度的内涵与制度的构成；

（2）了解制度的起源；

（3）弄清制度的功能。

第一节　制度的内涵与制度的构成

本节要点：中西方学者对制度的定义。

一、制度的定义及其本质

（一）制度的定义

要点：强调礼乐文化的制度结构特征。

中国古典文献对制度的认识：从中国最古老的书《尚书》开始，就有了对制度的记载；号称“三礼”的《周礼》《仪礼》和《礼记》，就对夏、商、周三代的礼乐文化作了大量描绘和评述；《礼记》中有这样的记载：“故天子有田以处其子孙，诸侯有国以处其子孙，大夫有采以处其子孙，是谓制度。”怪异的《山海经》被有些作者认为是上古政治制度的记录，《春秋公羊传》则是儒家政治制度经典。《诗经》所说“天生蒸民，有物有则”，即是讲“有人群就必有规则”。吸收夏商文化，开辟中华文化正统的周朝，用“礼”这种特定形态的制度主导社会秩序，礼乐文化成了后来中国制度结构的主要内容。到了孔子，则集周礼之大成，引进理性主义成分，提出了“仁”、“和”、“中”等包含制度均衡的概念，并毕生“克己复礼”。他所著《春秋》提出的政治理想，引出了公羊学传统，为中国后来政治制度的发展提供了丰富的资源。汉儒实践了这一政治思想，造就了当时空前的国家。在一千多年后复兴了儒学的宋明儒家，也是把他们强调的“天理”、“心性”引申到了典章制度。朱熹所编《近思录》专辟了“制度”一章。受儒家思想熏陶了两千多年的民族，既尊重“祖宗家法”，又强调“其命惟新”。后人所编《十通》和《五礼通考》都是资料全备的制度史。更有数不清的政府档案和民间合约资料。当我们研究制度时，这些有关制度的资料极为重要。中华文化内含着对制度的理解，它显然是制度经济学在中国发展的丰沃的土壤。

当然，凡勃伦的“制度”定义显然还是不科学的，因为，它并未抓住制度最一般的本质。

康芒斯在他的《制度经济学》一书专门论“制度”的一节中，有几处给“制度”下了定义：“如果我们要找出一种普遍的原则，适用于一切所谓属于‘制度’的行为，我们可以把制度解释为集体行动控制个体行动。”

“业务规则在一种制度的历史上是不断改变的，包括国家和一切私人组织在内，对不同的制度，业务规则不同。它们有时候叫作行为的规则。亚当·斯密把它们叫作课税的原则。最高法院把它们叫作合理的标准，或是合法的程序。可是不管它们有什么不同以及用什么不同的名义，却有这一点相同：它们指出个人能或不能做，必须这样或必须不这样做，可以做或不可以做的事，由集体行动使其实现。”

第一段话是康芒斯对“制度”的最直接界定，在他看来，制度是“集体行动控制个体行动”，那么，集体行动控制个体行动的工具和手段是什么呢？康芒斯在第二段话中作了说明，即各种“规则”。所以，康芒斯的“制度”定义更全面地说，是集体行动控制个人的一系列行为准则或规则。或者更通俗地说：制度就是由社会一定范围内（也许是全社会范围内）每个个人必须遵守的行为准则或规范。康芒斯对“制度”的这个界定，应该说抓住了制度最一般的本质，即制度是一种“行为规则”，它的作用在于：对行为进行规范。

安德鲁·斯考特认为，“社会制度，指的是社会全体成员都赞同的社会行为中带有某种规律性的东西，这种规律性具有表现在各种特定的往复的境界之中，并且能够自行实行或由某种外在权威施行之”。

霍奇森认为，制度是通过传统、习惯或法律约束的作用力来创造出持久、规范化的行为类型的社会组织。

尼尔认为，制度暗指一种可观察且可遵守的人类事务的安排，它同时也含有时间和地点的特殊性而非一般性。具体来讲，某一制度因具有下述三个特征而被识别：一是存在着大量的人类活动，并且这些活动可见且可辨认；二是存在许多规则，从而使人类活动具有重复性、稳定性，并提供可预测的秩序；三是存在着大量的习俗，它对人类活动和各种规则加以解释和评价。

艾尔斯纳把制度定义为一种决策或行为规则，后者控制着多次博弈中的个人选择活动，进而为与决策有关的预期提供了基础。

布罗姆利认为制度是对人类活动施加影响的权力与义务的集合。这些权力与义务中的一部分是无条件的和不依赖于任何契约的，它们可能是、也可能不是不可分割的；其他的权力和义务则是在自愿基础上签订的协约。制度体系既可以用法律、用社会学或社会人类学表述，又可以用经济学来描绘。

沃尔顿·汉密尔顿定义为，一种制度意味着一种思维方式或某种广为流行、经久不衰的行动；制度是根植于人群的习惯风俗，它为人类活动划定了界限并且强加给人类的活动。

佩乔威齐也认为：制度是为人类重复性的交互行为设定的法律、行政、习惯性的安排，主要功能是加强对人类行为的预期。

思拉恩·埃格特森说：“制度可以被定义为对人类重复交往所作的法律的、行政的和习惯性的安排。”

新制度经济学家中从最一般意义上给制度下过定义的有诺思、舒尔茨和拉坦等。

诺思是新制度经济学家中给“制度”下定义最多的。在他的《经济史中的结构与变迁》一书中，他说：“制度提供了人类相互影响的框架，它们建立了构成一个社会，或确切地说一种经济秩序的合作与竞争关系。制度是一系列被制定出来的规则、守法秩序和行为道德、伦理规范，它旨在约束主体福利或效应最大化利益的个人行为。”他在《制度、制度变迁与经济绩效》一书中说：“制度是一个社会的游戏规则，更规范地说，它们是为决定人们的相互关系的系列约束。制度是由非正式约束（道德的约束、禁忌、习惯、传统和行为准则）和正式的法规（宪法、法令、产权）组成。”

尽管诺思关于“制度”的界定有不少，但只不过是文字表述不同而已，其实质是一样的，即在诺思看来，“制度”就是一种“规范人的行为的规则”。诺思的“制度”含义比康芒斯的“制度”含义进了一步的地方在于，规范人的行为的规则被细分为正式规则与非正式规则两种。

诺思认为，制度是社会的游戏规则，是为决定人们的相互关系而人为设定的一些制约，它构成了人们在政治、社会或经济方面发生交换的激励结构，通过向人们提供日常生活的结构来减少不确定性。从实际效果看，制度“定义的是社会、特别是经济的激励结构”。

T. W. 舒尔茨在其《制度与人的经济价值的不断提高》一文中将制度定义为

管束人们行为的一系列规则。舒尔茨关于制度的定义被以后研究制度的学者所接受。

舒尔茨对制度的分类：在舒尔茨看来，制度是为经济提供服务的。他在其《制度与人的经济价值的不断提高》（该文曾获得《美国农业经济学杂志》授予的杰出论文奖）一文中对制度作了经典性的分类：①用于降低交易费用的制度，如货币、期货市场等；②用于影响生产要素的所有者之间配置风险的制度，如合约、分成制、合作社、公司、保险、公共社会安全计划等；③用于提供职能组织与个人收入流之间的联系的制度，如财产，包括遗产法，资历和劳动者的其他权利等；④用于确立公共品和服务的生产与分配的框架的制度，如高速公路、飞机场、学校和农业试验站等。

V. W. 拉坦 在《诱致性制度变迁理论》一文中也将制度定义为一套行为规则，它们被用于支配特定的行为模式与相互关系。

柯武刚、史漫飞指出，“制度是人类相互交往的规则。它抑制着可能出现的、机会主义的和乖僻的个人行为，使人们的行为更可预见并由此促进着劳动分工和财富创造”。

青木昌彦归纳了博弈论视野下的三种制度观。通过将经济过程类比于博弈过程，不同的经济学家分别将制度看作是博弈的参与人、博弈规则和博弈过程中参与人的均衡策略。他认为：“制度是关于博弈如何进行的共有信念的一个自我维系系统。制度的本质是对均衡博弈路径显著和固定特征的一种浓缩性表征，该表征被相关域几乎所有参与人所感知，认为是与他们策略决策相关的。这样，制度就以一种自我实施的方式制约着参与人的策略互动，并反过来又被他们在连续变化的环境下的实际决策不断再生产出来。”

我国学者对制度的定义也做了不少考察。张宇燕在他的《经济发展与制度选择》一书中，在考察了前人研究成果后，从 12 个方面进行了概括和总结。李建德认为，制度是人类社会中的共同信息。只有经过社会化的过程，个人才能获得这些信息，并把社会的共同信息内化为各个人的行为规则。遵循这些行为规则，就能建立起人们相互作用的稳定结构，减少社会中的个体在决策时的不确定性。人类个体通过共同信息而使合作关系得以形成，并把个人组织成社会，以有组织的整体来为更有效地适应稀缺的环境世界。

作者定义：建立在对这些定义分析的基础上，为了避免混乱，在这里按照诺思的观点给制度定义为“游戏规则”，制度是经济单元的游戏规则，这里的经济单元既包括人，也包括诸如企业的经济组织等，并认为制度的内涵至少应当体现这样几点内容：

（1）习惯性。制度都具有习惯性特点，都是历史的一种沉淀，先有重复性，而后被固定下来。都是最初被某些人发现某种规则有利可图，而后被坚持下来，接着被更多的人所接受，最后成为一种习惯，成为历史沉淀物被保留下来。

（2）确定性。只要是制度，都告诉人们能干什么、不能干什么，都给人类行为划定了边界。也正是具有这样的特点，才能够使其具有确定性、减少不确定性，从而为人类行为提供稳定的预期。

一个有效的规则必须从两个方面看都是确定的：必须是可知的、透明的；必须能够对未来提供可靠的指导。确定性的最大化表示一般居民都能够清晰地把握制度的信号，知道违反制度带来的后果，对自己行为的影响是清楚的。

（3）公理性。所有制度都有确定所指，指哪些方面的制度，都是针对确定行为讲的。只要是这样的行为，基本上都应当遵守这样的规程，同样的行为遵守同样的章程。从纵向看，只要是同一行为，前天进行、昨天进行、今天进行和明天进行，一般都会按照相同的规则进行；从横向看，无论是你、是我，还是他，只要是相同性质的事件，一般都遵从相同的规则。

（4）普遍性。所谓普遍性，就是指在没有特别理由的情况下，对所有人都是同样适用的，没有区别对待的情况，没有歧视性。除特殊情况例外，制度不应有“区别对待”的现象。普遍性还说明没有人能够凌驾于制度之上，每个人在制度面前都是平等的。制度的普遍性如果遭到破坏，意味着制度的透明性、制度本身受到破坏。

（5）符号性和禁止性。简单的符号明确给定了人们的行为标准，省略了隐藏在符号背后的深刻哲理，大大节约了认识成本，这也是制度的最基本的功能。符号一般都代表了一个复杂的制度安排。与符号相似的是制度的禁止性特征。当然，这种带有盲从的做法也有副作用，它容易限制人们对环境的适应性能力，使人们难以根据环境和条件的变化对制度进行及时调整。符号和禁令能够使复杂的问题简单化，使对规则的执行更加直截了当。

（二）制度的本质

要点：除了直述制度的本质外，还应从制度与组织、组织与制度安排、制度与制度安排之间的区别中把握制度的本质。

通过以上对制度的定义分析可以看出，制度具有以下本质：

1. 制度与人的动机、行为有着内在的联系

新制度经济学家反复强调，新制度经济学应该从现实的组织体制出发，同时也要从现实中的人出发。在新制度经济学看来，人理性地追求效用最大化是在一定的制约条件下进行的。这些制约条件就是人们“发明”或“创造”的一系列规则、规范等。如果没有制度的约束，那么人人追求效用（或收入）最大化的结果，只能是社会经济生活的混乱或者低效率。

2. 制度是一种“公共品”

萨缪尔森把“公共品”定义为，一个个人消费这些物品或服务不会有损其他任何人的消费。制度作为一种行为规则，并不是针对某一个人的。或说，在人类历史上还没有一种制度是专为某一个人制定的（即为某一个人的制度安排）。制度是一种公共规则，这是就制度的最终状态来说的。但制度在其形成过程中，可能开始并不是作为“公共品”来生产的。

制度作为一种“公共品”又与其他“公共品”（如广播或电视信号等）有一定的区别：①一般公共品都是有形的，一般表现为具体的实物，如城市公共设施的建设等；而作为“公共品”的制度则是无形的，它是人的观念的体现以及在既定利益格局下的公共选择，或者表现为法律制度，或者表现为规则及其规范，或者表现为一种习俗。②一般公共品不具有排他性，即在一定范围内人人都可享用公共品；但作为“公共品”的制度，有的可能具有排他性，如对大多数人有益的制度可能对少数人并不利。因为一些制度（或规则）是根据少数服从多数的原则形成的。尽管如此，明确制度具有公共品的性质，这一点对于我们理解新制度经济学的一些原理具有重要意义。

3. 制度和组织是不相同的

制度是社会游戏的规则，是人们创造的、用以约束人们相互交流行为的框架。如果说制度是社会游戏的规则，组织就是社会玩游戏的角色。组织是由一定目标所组成，用以解决一定问题的人群。制度是游戏规则，而“组织是游戏人”，是为了实现共同目标而结合到一起的群体。

组织和制度不是一个概念：赫伯特·西蒙说：“组织一词是指群体内人们交流的复杂模式和其他关系。该模式给群体中每个人提供了决策所需的大量信息、假设、目标和态度，同时也给他提供了关于群体内其他人所作所为和别人对自己言行的反应的一系列稳定和可理解的预期。”经济组织是企业、商店等，政治组织是政党、议会和国家的规制机构等。从最广泛的意义上说，所有不是由市场这只“看不见的手”指导的生产和交换活动，都是有组织的活动。

制度好像地心引力，它们无时无刻不在起作用，强烈地影响人们的行为，但它们又都是看不见摸不着的。现在经济学家需要发现经济学中的地心引力，即制度如何影响人们的经济行为。

4. 制度、组织和制度安排的关系

（1）制度与制度安排的关系：制度安排的定义是管束特定行为模型和关系

的一套行为规则。在新制度经济学看来，制度安排是支配经济单位之间可能合作与竞争的方式的一种安排。制度安排可能最接近于“制度”一词的最通常使用的含义了，或者说，制度安排是制度的具体化。制度安排可能是正规的，也可能是非正规的，它可能是暂时性的，也可能是长命的。

制度安排两大目标：第一，提供一种结构使其成员的合作获得一些在结构外不可能获得的追加收入；第二，提供一种能影响法律或产权变迁的机制，以改变个人（或团体）可以合法竞争的方式。例如，我们通常所说的法人制度。

也有人把上述制度安排的两大目标分别概括为经济原则（或经济效率原则）和安全原则。例如，出于安全目的而存在的制度安排有家庭、合作社、保险和社会安全项目。实现经济功能的制度安排有公司、灌溉系统、高速公路、学校和农业试验站。当然，有些制度安排包含着多种目标。像家庭和合作社这样的制度安排，可以同时实现多种功能。

制度安排与人和人之间的“契约关系”有着内在的联系。所以，也有人把制度定义为人与人之间关系的某种“契约形式”或“契约关系”。

经济人面对追求目标和约束条件，选择了社会合作来提高生存本领，通过选择制度安排，以尽可能实现收益或效用最大化、付出或成本最小化的目标。所以，这种制度安排理应不但包括对各个个体“硬件”之间协调的作为规则的关系因素的构造，也应当包括社会协作的“硬件”结构性因素的构造，并且，从逻辑顺序上看，应当先有作为“硬件”的经济组织的安排，然后才有作为“软件”的经济组织运行规则的安排。正因为组织是经济人目标函数最大化产物，它自然就是在确定目标指导下产生的。也就是，无论制度本身还是作为游戏人的组织，都是制度安排的结果。并且，作为游戏人的组织，又有其内在的结构，这个结构从某种程度上也讲也是一种制度安排，就是说组织是制度安排的集合。

（2）组织与制度的区别：制度是游戏人的行为准则，而组织是有行为特征的行为主体，无论其内在制度安排的结构呈现什么样的特点，无论其外在行为要受到什么规则约束，行为性是它区别于制度的最主要的内容。也就是，制度是“死”的东西，是一个由游戏人去遵守的一种约定框架，而游戏人则是“活”的东西，由“死”的东西去规范和约束“活”的东西的行为。同时，作为组织，它要求有组成组织的实体要素，特别是人，然后要有组织存在的目的，在这个两个条件基础上，根据存在的目的决定对构成要素进行定位，即用什么样的组织框架进行组织设计，用什么样的规则来限定各构成要素的行为。

（3）组织与制度安排的区别：制度安排体现在两个方面，一是组织外部、各个组织之间规章制度的确立，二是组织内部结构和组织要素关系的确立。如果把制度安排作为动词看待，显然它既不是组织，也不是制度。但如果这里的制度安排是名词呢？如果是名词，则指被固化了的结构，是一个复杂的要素组织框架。显然，这与组织和制度也是有本质区别的。组织是游戏人，是一个行为主体，是制度安排的一个结果，体现了制度安排的内容，是制度安排的集合，也是外在制度安排的一个要素。制度是游戏规则，也是制度安排的一个内容，但是，它仅是制度安排的一个内容，而不是制度安排本身，因为制度安排不光制订游戏规则，还有组织设定和结构安排。

至于组织内在的个体也要遵循这一规则，当然这些规则也是制度。但，我们不能由此就说明组织也是制度，只能说这里的制度是属于内部制度。各要素的行为标准可以说是制度，但要素的构成方式则就不能说是制度，而是一种制度安排。只有这种安排以行为准则形式在每个要素上得到体现时，它才转化为制度。而作为组织构成的要素则是一种实体性的存在，它就更不能说是制度，它是制度执行者，是游戏人，而不是游戏规则。

二、制度的构成

要点：制度的一般构成中常用分类和其他分类，说明软制度的特点及作用。重点讲解诺思的制度构成。

制度通过提供一系列规则界定人们的选择空间，约束人们之间的相互关系，从而减少环境中的不确定性，减少交易费用，保护产权，促进生产性活动。

（一）制度构成一般概述

1. 硬制度和软制度

对制度的构成或制度结构的剖析，是制度分析的基本理论前提。制度种类繁多，概括地讲可分为两大类：即硬制度（正式制度）和软制度（非正式制度）。

硬制度包括政治制度、经济制度、各种合同制度。这几种制度互相联系、互相影响。一方面政治制度决定并保证经济制度的实施，另一方面，经济制度所决定的经济利益结构，也将影响到政治制度。从短期看，每个时期的各种利益集团都会插手政治舞台，使政治制度的调整有利于己；从长期看，经济的发展也影响到政治制度的嬗变。

软制度主要是指社会习俗、习惯行为、道德规范、思想信仰和意识形态等。如果用一个较为准确的概念来界定软制度，则软制度是人们对其他人行为方式的稳定预期，这种预期不是基于硬制度，而是来源于社会共同知识，传统文化可以说是软制度的主要来源。进一步细分，软制度又可分为两类：一是作为外力的社会群体对个人施加的约束，二是个人自我实施的约束。

在人们的日常生活中，行为约束更多地来自软制度。软制度的特点在于：①无论其如何演变，我们都能看到传统文化的巨大影响力。②软制度变化小于硬制度。③软制度往往决定社会和文明的差异。

一般来说，结构硬件可以通过人为的、外生的安排来获得，但规范性软件则无法直接输入，它是一个内生的渐变过程。

问题与思考：在社会主义市场经济条件下，党中央为什么要强调建立社会主义的荣辱观？

2. 其他分类：文森特·奥斯特罗姆将制度分为三个层次

即宪法层次，集体行动层次，操作层次和选择层次。

奥克森具体说明了三类规则：用以控制集团内部进行集体选择的条件的规则；用以调节公用财产使用的操作规则；以及对外安排，包括统辖该集团同其他各集团和政府当局的关系的规则。

柯武刚、史漫飞将制度分为从人类经验中演化出来的内在制度（internal institution）和被自上而下地强加和执行的外在制度（external institution）两类；等等。

（二）诺思对制度构成的分析

诺思则认为，制度提供的一系列规则由社会认可的非正式约束（制度），国家规定的正式约束（制度）和实施机制所构成。这三个部分就是制度构成的基本要素。

1. 非正式制度

要点：定义、特点、分类、作用、内容。

定义：非正式制度是指人们在长期的社会生活中逐步形成的习惯习俗、伦理道德、文化传统、价值观念、意识形态等对人们行为产生非正式约束的规则，是那些对人的行为的不成文的限制，是与法律等正式制度相对的概念，诺思常喜欢用非正式规则来表述。

特点：非正式制度来自社会所传达的信息，是我们称之为文化的遗产的一部分。非正式制度的建立早于正式制度，后者是对前者的逐渐替代，但是，由于非正式制度的文化特征，它们具有对正式制度的强大排斥能力。非正式制度也是集体选择的结果，它们的产生带有集体的目的。

重要性：诺思认为，正式规则只是决定行为选择的总体约束中的一小部分，人们行为选择的大部分行为空间是由非正式制度来约束的。

分类：诺思把非正式制度分成三类：①对正式制度的扩展、丰富和修改；

②社会所认可的行为准则；③自我实施的行为标准。

在非正式制度中，意识形态处于核心地位。因为它不仅可以蕴涵价值观念、伦理规范、道德观念和风俗习性，而且还可以在形式上构成某种正式制度安排的“先验”模式。对于一个勇于创新的民族或国家来讲，意识形态有可能取得优势地位或以“指导思想”的形式构成正式制度安排（或正式约束）的“理论基础”和最高准则。从中国的文明史来看，我们在价值层面、思想层面不比西方文明差（在历史上还有超过的时候），但是我们在把价值层面的东西转化为法律、制度层面却远不如西方国家。

意识形态的定义：意识形态可以被定义为关于世界的一套信念，它们倾向于从道德上判定劳动分工、收入分配和社会现行制度结构。在新制度经济学家看来，意识形态是减少提供其他制度安排的服务费用的最重要的制度安排。

意识形态的制度性作用可概括为：（节约交易费用）

（1）节约社会运行成本。它是个人与其环境达成“协议”的一种节约费用的工具，它以世界观的形式出现从而简化决策过程。换言之，“好”的意识形态能降低社会运行的费用。

（2）节约决策成本。它所内在的与公平、公正相关的道德和伦理评价明显地有助于缩减人们在相互对立的理性之间进行非此即彼的选择时所耗费的时间和成本。

（3）节约认知和协调成本。当人们的经验与意识形态不一致时，他们便试图发展一套更“适合”于其经验的合理解释，即新的意识形态来节约认识世界和处理相互关系的费用。

意识形态的经济功能主要表现为：①意识形态是一种节约信息费用的工具。②成功的意识形态能有效地克服“搭便车”问题。③意识形态能减少强制执行法律和法院的费用以及实施其他制度的费用。

为什么意识形态具有上述功能？在新制度经济学家看来，意识形态是人力资本。较大的意识形态拥有量（ideological endowment）能减少消费虔诚的影子价格，使个人“搭便车”或违犯规则的可能性较小；能淡化机会主义行为。在新制度经济学家看来，意识形态是能产生极大外部效果的人力资本。因此，任何政府都通过向意识形态教育投资来对个人意识形态资本积累进行补贴。

意识形态发挥作用的程度取决于人们对虔诚商品（Piety Commodity）需求的大小。根据贝克尔的分析，虔诚（边沁认为是十五种简单快乐中的一种）也是进入个人偏好函数的商品之一。生产虔诚这种商品的能力，尤其依赖于个人的意识形态资本。个人意识形态的信念（Ideological Conviction）强，说明他的意识形态资本大，因而生产虔诚的影子价格低。他配置到虔诚上的时间边际效用高，为此，他会配置较多的时间来消费虔诚；诺思指出，大多数人投票是出于意识形态的考虑。进一步的分析表明，投票也是一种生产个人消费商品的活动。个人投票是因为投票能生产他所看重的某种虔诚商品。但是，只有在他的收益超过费用时，他才投票。虔诚商品也是商品，它也要遵循成本—收益计算的基本原则，这正是为什么下雨时投票人数大大减少的原因。

习惯：非正式制度中的一项主要内容是习惯。这里首先要把“习惯”与“习俗”区别开来。在英文中，前者是“Habits”，后者是“Customs”。这里所使用的习惯一词，可以定义为所有在正式规则无定义的场合起着规范人们行为的作用的惯例或作为“标准”的行为。而“标准行为”，在规则没有定义的场合，通常只能表现为前人或多数人或年长的人的榜样式行为。“习惯”于是可以被理解为由文化过程和个人在某时刻以前所积累的经验所决定的标准行为。熊彼特认为，若没有习惯的帮助，无人能应付得了每日必须干的工作，无人能生存，哪怕是一天。

价值观念和伦理道德也是非正式制度中的一项重要内容。人们的价值观念规定着制度，制度是人们依据价值观念蓝图建构的，各种因素造成发展的情势，它们反映在人的价值观念里，人们依据形成的观念建构制度。制度所依据的观念不一定是正确的，但一定是自觉的，人们同意接受的观念怎样，人们建构认可的制度也就怎样。在每一种给定的经济制度下，伦理精神和道德规范都可看成是利益的一个自变量，不同的伦理精神和道德规范制约了不同的利益追求机制与方式。如果这种方式与经济制度相符时，它就推动它；反之，它将成为与现行经济制度相悖的力量，导致混乱与无序。

市场经济的伦理道德：不损人的求利、公平的竞争、诚实的信用等，它们才是支持市场经济得以有序有效运行的基本信条和大众共同的道德认知。市场经济是理性经济，它同样需要一种道德理想，理想的失落就会使社会运作失去方向。一个社会失去精神支柱，就会导致理性的迷离、人性的泯灭。

2. 正式制度

要点：定义、特征、内容、作用。

定义：正式制度是人们有意识建立起来的并以正式方式加以确定的各种制度安排，包括政治规则、经济规则和契约，以及由这一系列的规则构成一种等级结构，从宪法到成文法和不成文法，到特殊的细则，最后到个别契约等，它们共同约束着人们的行为。人们常常将正式制度称为正式规则和硬制度。

特征：正式制度具有强制性特征。这类制度明确以奖赏和惩罚的形式规定其所作所为。对社会成员来说，正式制度对其都是一种外在约束，不论你愿意与否。而且这种强制性还在于利益的差别性，在正式制度约束的地方，常常会是一部分人获益另一部分人受损。因而强制成为实现其实施所不可少的工具。

作用：社会越复杂越能提高正式制度形成的收益率。这是因为任何规则的制订及其实施都是需要成本或费用的，规则适用范围越广，那么制度实施的边际成本也随之下降。换言之，制度的实施也有一个“规模经济”的问题。

在正式制度中，诺思认为，政治规则通常是决定着经济规则的。他指出，政治规则并不是按照效率原则发展的，它受到政治的、军事的、社会的、历史的和意识形态的约束。因此，完全有可能，一个民族长期地停留在低效率的经济制度中。

政治规则与有效产权形成的关系：他们认为，只有在设计一项规则即产权的预期收益大于其成本的情况下，才能导致产权的出现。在这种规则的等级结构中，政治规则的有效性是产权有效的关键。如果有明确的政治规则规制着政治当事人的活动，政治的交易成本很低，有效产权就会产生。反之，就会出现无效产权。

如果人们对政治权力追逐的收益率大于对产权追逐的收益率，那么人们就会投入精力与“资本”去追逐政治权力，从而在再分配领域实现个人收入的最大化。在这种情况下，只有制度创新或用制度的力量才能抑制（或最大限度地减少）权钱交易、寻租、腐败等诸如此类的问题。

3. 制度的实施机制

要点：制度实施机制在制度构成中的重要性、功能、建立的条件。

制度构成的第三个部分是实施机制。在现实中，制度的实施几乎总是由第三方进行的。对于国家这个制度，第三方是政府；对于一个宗法制度，第三方是宗族的长辈。离开了实施机制，那么任何制度尤其是正式规则就形同虚设。“有法不依”比“无法可依”更坏。历史上以“人治”为主的国家，并不是没有制订法律，而是没有建立起与法律制度配套的实施机制。

为什么要把执行机制也作为制度构成的重要内容呢？关键是正式规则和非正式规则只告诉我们应当干什么、不应当干什么，只给定了我们的行为标准。那么如果不执行这个标准怎么办？如果不执行，从现实的效果看等于没有制度。所以，从制度功能实现角度看，光有规则，没有执行机制，制度是不完整的。

制度实施机制的两大功能：

（1）惩罚功能。制度的执行规则，则主要表现在对违规行为的惩罚上，要使违规者的违规成本大于违规所得，从而使违规变得不划算。

（2）激励功能。制度执行机制另一个主要方面是激励性。让行为主体感觉到，执行制度虽然使自己付出了一定的成本，但是比较起来，收益还是大于成本，执行制度是划算的，从而产生执行制度的正效应。也有些制度是自我执行的。

实施机制的建立根源于以下几个原因：

（1）交换的复杂度。交换越复杂，那么建立实施机制就越必要。在农业社会，人类没有建立质量监督检查之类机构的必要。

（2）人的有限理性以及机会主义行为动机也促使制度实施机制的建立。

（3）合作者双方信息不对称，这就容易导致对契约的偏离。强制性的实施机制是任何契约能够实施的基本前提。

检验一个国家的制度实施机制是否有效（或是否具有强制性）主要看违约成本的高低。经济学家分析表明，一些人成为违约者不在于他们的基本动机与别人有什么不同，而在于他们的利益同成本之间存在的差异。如果违约成本远远超过违约的预期收益，社会的市场秩序必然和谐稳定，反之亦然。

在现实经济生活中，制度实施机制的主体一般都是国家。国家能否有效行使代理职能（或实施职能）至少受两大因素的影响：①实施者有自己的效用函数，他对问题的认识和处理要受到自己利益的影响。②发现、衡量违约和惩罚违约者也要花费成本。

（三）非正式制度与正式制度的关系

正式制度和非正式制度之间只有量的差异，而无本质的不同。我们要深入地研究和把握正式制度和非正式制度，就应该弄清楚非正式制度与正式制度的各自特点及其相互关系。

1. 两者的区别

（1）表现形式不同。非正式制度规则是无形的，它一般没有正式地形诸文字，制成条文，也不需要正式的组织机构来实施，它存在于社会的风俗习惯和人们的内心信念之中，以舆论、口喻的方式相互传递，世代承传。正式制度都有其相应明确的具体存在和表现形式，它通过正式、规范、具体的文本来确定，并借助于正式的组织机构来实施或保障。这种具体有形的存在方式是正式制度的正规性、严格性的必要保障。

（2）实施机制不同。非正式的制度是内在的心理约束，不是依靠外界的压力，而是依靠内心的自省和自觉。与此相反，正式的制度具有外在的强制约束机制，凡生活在一定的组织机构内，其行为都受到某种正式制度规则的约束，不管你愿意与否，都必须遵守和执行这种行为规则，否则就可能招致组织纪律或国家法律的制裁，为自己的违规行为付出代价。

（3）实施成本不同。由于非正式制度的实行其实施几乎不要花费多大的社会成本。而正式制度的制定和执行是一个公共选择的过程，不仅需要建立一套专门的组织机构，而且需要通过一定的工作程序，其间不乏讨价还价和营私寻租等活动，这些都要耗费一定的社会资源，因而，其运行成本较高。

（4）形成和演变的过程不同。非正式制度的建立和形成需要较长的时间，有的甚至是长期历史发展的产物，而一旦形成就具有较大的稳定性，其变化和演进也是一个相对较慢的、渐进的过程。正式制度可以在一夜之间发生变化，而非正式制度的改变却是一个相当长期的过程。

（5）制度的可移植性不同。一些正式制度尤其是那些具有国际惯例性质的正式规则是可以从一个国家移植到另一个国家的。非正式约束（或非正式制度安排）由于内在着传统根本性和历史积淀，其可移植性就差得多。一种非正式制度尤其是意识形态能否被移植，其本身的性质规定了它不仅取决于所移植国家的技术变迁状况，而且更重要的取决于后者的文化遗产对移植对象的相容程度。由此可见，正式制度只有在社会认可，即与非正式制度相容的情况下，才能发挥作用。

（6）知识表达和传导方式不同。非正式制度形成和运行所依据的是心照不宣的默认的知识，它一般不能被明确表达，也不能通过编码化的知识进行传递，只能通过传递双方的共同理解和信任在实践中获得。而正式制度的建立和运行，其直接的依据和表现是编码化的显性知识，它可以通过语言或以符号形式进行表述、传递和存储。

2. 两者的联系

（1）二者是相互生成的。就制度起源看，是先有非正式的习俗习惯、伦理道德等制度，然后才在非正式制度的基础上形成正式法律、政治制度的，非正式制度是正式制度产生的前提和基础，一定的正式制度常常是依据一定的价值观念、意识形态建立起来的。反之，一定的正式制度确立以后，必将约束人们的行为选择，并逐步形成一种新的行为习惯和伦理观念，形成一种新的非正式制度。

（2）二者的作用是相互依存、相互补充的。任何正式制度作用的有效发挥，都离不开一定的非正式制度的辅助作用。同时，任何正式制度安排都是有限的，只有依靠各种不同形式的非正式制度的必要补充，才能形成有效的社会约束体系。同样，非正式制度作用的有效发挥，也依赖于正式制度的支撑。特别是在涉及面广泛的各种复杂经济关系和社会问题上，离开了正式制度的强制作用，非正式制度是软弱无力的。

一个国家社会秩序的维护是靠正式约束与非正式约束共同作用的结果，如果革命军事征服以后制定的正式规则与过去的非正式约束相悖，那么社会中的各利益集团将会运用各种方式和人们非正式约束的力量来阻扰正式规则的实施，结果必然是社会秩序混乱。

结论：正式制度与非正式制度作为社会制度体系的两个组成部分，是不可分割、相互依存、互为条件、相互补充的。在研究和运用制度创新来促进社会经济发展的过程中，必须同时关注二者的作用，不可偏废。

第二节　制度的起源

要点：分析制度的稀缺性和制度起源的不同理论（共有五种起源说）。

一、制度是一种稀缺性资源

1. 制度稀缺的定义

制度的稀缺性，是指相对于人类行为的差异性、多样性和发散性而言，作为规范人类行为的制度安排总是不足的，不可能对每种行为都制订相应的制度安排加以约束，总有一些行为没有制度安排予以规范。或者说，由于制度被认为是关于人们相互行为的知识载体，是用来传递行为信息的，制度的稀缺性也可理解为相对于人们对这类信息的需要而言，制度所能传递的信息总是不足的。

2. 制度稀缺的原因分析

（1）制度稀缺性源于制度供给的有关约束性条件。表面上看人们可以按照自己的需要和意愿来选择制度，但制度变迁的条件和成本限制了人们的选择空间，甚至扭曲了人们的“理性”行为，以致现存的制度安排不仅难以达到最优水准，在一定条件下还会发生相反的运作。制度的稀缺性是制度的根本特征之一，如果没有制度的稀缺性，对制度的研究将没有必要。

（2）某种类型的制度稀缺根源于制度安排的非专利特征。我们在前面分析过，制度是一种公共品，制度的采用是可以“搭便车”的。人们可以简单地模仿由别人创造的制度安排，而无需付费，从而大大降低他们自己的组织和设计费用，尤其是风险成本，因而使创新者的个人收益少于作为整体的社会收益。这样进行制度创新的人就缺少激励。制度创新上的这种外部性和“搭便车”的结果是，制度创新的密度和频率，将会少于作为整体的社会最佳需求量。这类稀缺可视之为利益制约下的制度稀缺。

(3) 另一种类型的制度稀缺是指制度比技术手段具有更强的“资产专用性”，因而也会导致制度稀缺。一种新的技术使用是没有国界限制的；而一种新的制度的传播或移植，不仅受既定利益格局的制约，而且还受相互冲突的价值观念以及意识形态等因素的制约。

(4) 制度稀缺的程度还与一国经济发展水平、制度创新的环境等因素有关。例如，在缺少经济自由的情况下，人们甚至没有选择合约方式的权力，所以不可能有大量的创新性制度安排出现。

(5) 造成制度稀缺的根本原因还是资源的稀缺性。制度的建立、实施、维护和创新，需要耗费大量资源：

第一，制度是一种集体行动的产物，建立新制度需要组成目标一致的行动团体。在组织、协调行动团体的过程中，将要消耗大量的资源，以使集体的行动有效率。

第二，当制度建立起来后，对它的实施和维护，需通过相应的强制手段推行，任何违反制度的行为，将受到惩罚。只有这样，才能体现制度对行为的约束性，而这一过程同样要消耗大量资源。

第三，当进行制度创新时，需要知识的积累、技术的进步或利益集团之间相互斗争，以打破原有的均衡状态，这些活动都要消耗大量的资源。正是由于资源的稀缺性这一人类面临的基本矛盾，才使制度的完善和发展受到极大制约，它不可能脱离特定时期的特定社会资源条件的约束而自由发展。

结论：无论我们怎样强化制度创新的进程，相对于人类对制度的需求而言，制度供给总是相对不足。不然的话，社会上就不会存在那么多不合作的现象，在世界上就不会有那么多难以解决的暴力冲突。人类社会之所以难以达到“帕累托最佳境界”，关键在于制度稀缺。

二、制度的起源

制度起源理论实质上就是要回答为什么存在制度，或者说制度产生的根源是什么。形成制度的因素是由地理、种族、国家的政治环境内生决定的，还是由一个国家制度选择的历史外生决定的？对于制度的起源问题，新制度经济学家们并没有形成一致的意见，他们分别从自己的知识视野和研究范围给出了不同的答案。

（一）“囚徒困境”模型及其制度的起源

1. 模型解说

“囚徒困境”是现代博弈论（Game Theory）的一个经典模型。1950年戈登·图洛克定义了一个“囚犯难题”（Prisoners Dilemma）。从“囚犯困境”模型可以透视人类合作中的诸多问题。

	囚犯甲（沉默、不招）	囚犯甲（背叛、招）
囚犯乙 （沉默、不招）	二人同服刑1年 （A）	乙服刑10年， 甲即时获释（B）
囚犯乙 （背叛、招）	甲服刑10年， 乙即时获释（C）	二人同服刑8年 （D）

“囚犯困境”模型

在“囚徒困境”模型中，当每个囚犯都自私地行事时（不合作），方框D是均衡状态。用术语来说，这就是“纳什均衡”。通过合作或利他主义地行事，双方都能移动到A方框，这时结果对双方都会更好。假设我们实际生活只有“看不见的手”发挥作用的话，那么结果可能更多的是方框D（即纳什均衡），但为什么实际结果更多的是方框A呢？这里的关键就是一系列制度的约束使竞争的双方不得不在方框A（即合作）中从事活动。

撇开“囚徒困境”模型的性质不谈，我们可以从这个模型中归纳、抽象出人类社会运行的一个基本原则，即社会经济生活除竞争外，还需要合作。

“囚犯困境”实质上对亚当·斯密的“看不见的手”可以把个人的自私自利转化为某种社会最大福利的论断提出了质疑。在一定条件下，每个人“自私”不一定就“自利”，“恶性竞争”的结果可能是“两败俱伤”。若我们把“囚徒困境”模型“多次往复”，那么囚犯终究会发现：合作比“自私”更有利，同样地，“经济人”在多次交换中发现，遵从某种合作规则要比通过欺诈自作聪明地获得少数几次不义之财更有利，这时制度便会自发地产生。在新制度经济学看来，个人效用函数里，既有利己主义，也有利他主义。人们倾向于哪种“主义”，主要受制度因素的影响。

2. 个人理性与集体理性的冲突是制度起源（或制度安排）的重要原因

博弈论研究的是在存在相互外部经济条件下的个人选择问题。在囚犯困境的博弈案例中，个人效用函数不仅依赖于他自己的选择而且依赖于他人的选择；个人的最优选择是其他人选择的函数。传统微观经济学在分析个人决策时，个人的最优选择只是价格和收入的函数，而不是其他人选择的函数。他既不考虑自己的选择对别人选择的影响，也不考虑别人选择对自己选择的影响。博弈论实质上就是要研究人与人之间的关系问题，如合作、竞争等问题。在这方面，他们与新制度经济“殊途同归”。

如果一种制度安排不能满足个人理性的话，就不可能贯彻下去。所以解决个人理性与集体理性之间冲突的办法，不是否认个人理性，而是设计一种机制（或进行相应的制度安排），在满足个人理性的前提下达到集体理性。

“囚徒困境”告诉我们强调个人理性的非合作博弈往往可能是无效率的，相反，重视团体理性的合作博弈则一般可以带来“合作剩余”。合作博弈和非合作博弈的区别就在于在人们的行为相互作用时，当事人能否达成一个具有约束力的协议。这个协议的达成过程，其实就是制度起源的过程。撇开其他条件，竞争与合作是一对矛盾。因为人的有限理性与信息不对称等方面的原因，人自身不可能处理好竞争与合作的关系，制度安排能有效地解决合作问题。

(二) 科斯制度起源理论：交易费用

交易费用是科斯制度起源理论的核心范畴。科斯的《企业的性质》和《社会成本问题》，这两篇经典论文都与解释制度起源有关。

科斯制度起源理论揭示了交易费用与制度形成的内在联系。交易费用的存在必然导致制度的产生，制度的运作又有利于降低交易费用。没有制度约束，斯密“看不见的手”的作用带来的可能不是繁荣，而是社会经济生活的混乱。制度和现存技术水平决定了交易和转移成本，二者之和等于生产成本。我们可以从三个层次来理解科斯的制度起源——“制度选择思想”。

(1)“科斯中性定理”：如果交易费用为零，不管初始权利如何配置，自由交易都会达到资源的最优利用状态。(乔治·斯蒂格勒语)

科斯中性定理表明，在交易费用为零时，任何一种制度安排（科斯的文章中讲的是法律规则，这可以看作是一种制度安排的特例）只对财富或收入的分配有影响，而对产出的构成，亦即对资源配置没有影响，有效率的结果总可以通过无代价的市场谈判达到。

(2)“科斯定理”：在正交易费用的情况下，法律在决定资源如何利用方面起着极为重要的作用。

科斯定理则表明：在交易费用大于零时，制度安排不仅对分配有影响，而且对资源配置，及其对产出的构成有影响。因为在某些制度安排下会产生较高的交易费用，从而使有效益的结果不能出现。

(3)“制度选择思想”：在不同的经济、法律环境下，外在性问题存在不同的最佳解决办法，即需要我们在几种制度安排中间进行选择。

在科斯看来，选择的依据是两个层次上的比较：①不同的、可供选择的制度类型的交易费用比较；②制度变迁、操作的成本与其带来的收益的比较。

结论：科斯的贡献在于将制度因素纳入了经济分析。既然交易费用是一不为零的正数，且为数甚巨，那么它也是节约的对象，制度的一个主要功能就是实现这一节约，这就是制度的效率性质，而不仅仅具有收入和财富分配的作用。由此得出了制度存在的理由，制度选择的标准和制度演进以及创新的动因，从而使一个具有操作性和实证性的制度分析理论的建立成为可能。

（三）诺思制度起源理论

1. 人类的两种交换形式与制度的关系

（1）简单的交换形式。在这类交换形式中，专业化和分工处于原始状态，交易是不断重复进行的，卖和买几乎同时发生，每项交易的参加者很少，当事人之间拥有对方的完全信息，因而不需要通过建立一套制度来约束人们的交易行为，达到合作解。这种个人的交易受市场和区域范围的局限，专业化程度不高，生产费用高。实际上这就是新古典理论中的完全竞争状态。

（2）非个人交换形式的特征使制度成为必要。在这类交换形式中，交易极其复杂，交易的参与者很多，信息不完全或不对称，欺诈、违约、偷窃等行为不可避免。这样个人收益与社会收益就会发生背离，如果个人收益与其投入不相对称，个人便失去了从事生产性活动的动力，社会效率也达不到最优。于是产生了“囚犯困境”和“搭便车”（free rider），因此，制度便应运而生。制度的作用在于，规制人们之间的相互关系，减少信息成本和不确定性，把阻碍合作得以进行的因素减少到最低程度。

新制度经济学的分析表明，制度的出现一定会使专业化程度的每一步提高所节约的生产费用，正好大于或等于由此所引起的交易费用的增加。

2. 制度是人们为防止机会主义而缔结的契约

诺思从人的自利性和认知能力的有限性（the condition of cognition and self interestedness）基本行为特征和假设出发，分析了制度的起源。他认为由于人总是要追求自身效用的最大化，同时由于认知能力有限又总是处在信息不完全和不对称的环境中，于是在交易中就会发生欺诈、偷懒、“搭便车”等机会主义行为，从而使人与人之间发生利益冲突和摩擦，增加交易费用和交易后果的不确定性，最终损害自己的福利，而制度就是人们为防止机会主义而缔结的契约。这是制度起源的一种契约论解说。一贯倡导新古典主义的诺思，希望通过这种解释，将一向作为新古典的经济分析的外在前提的制度，“内生化”到以自利个人的成本—收益为基本范式的新古典分析框架中来。

（四）奥尔森和布坎南的利益集团与制度起源理论

在奥尔森看来，制度的起源应该从利益集团的斗争中去寻找。奥尔森认为，在经济学乃至整个社会科学中，实际上存在着两个基本“定律”。所谓“第一定律”是指：在某种情况下，当个人仅仅考虑自身利益时，集体的理性结果会自动地产生。而所谓的“第二定律”则是指：在某种情况下，第一定律是会失效的，即不管个人如何精明地追逐自己的利益，社会理性的结果也不会自发地出现，此时此刻只有借助适当的制度安排，才能求得有效的集体结果。由此可以说，个人理性和集体理性的冲突是制度起源的重要原因。

布坎南间接地解释了制度的起源。在他看来，作为个体的当事人面对复杂的环境，存在信息不足的约束，这表现在两个方面：一是当事人缺乏一定的认识能力；二是当事人没有必要获取太多的信息。

这种信息不足类似于不确定性，会给当事人决策带来困难。当事人在复杂的环境中，应对这种不确定性的办法就是选择规则，一旦某一种规则被选定，一组政治经济活动就被确定下来，进而当事人的预期也就被确定，结果当事人决策的环境发生逆转。要起到稳定预期的作用，当事人所选择的规则应该是稳定的，这就要求规则的普适性。布坎南认为，获得社会成员一致同意的规则就是具有普适性的，这样，制度起源问题转换为制度的公共选择问题。

（五）财产制度的起源

在制度集合体中，财产制度又是最基本的制度。许多制度都是财产制度的派生物或者是为财产制度服务的。因此，我们有必要专门探讨一下财产制度的起源。

1. 考特和尤伦的思想实验

（1）实验的前提是无政府状态。罗伯特·考特（R. Cooter）和托马斯·尤伦（T. Ulen）在其《法和经济学》一书中构造了一个关于财产制度起源的思想实验。他们假设了一个拥有人、土地、农耕技术和武力的世界，但是，这个世界里没有政府和法院。在这个思想实验过程中，我们可以发现财产制度是如何起源和建立起来的。

（2）人们用武力保护土地产权。在这种情况下，资源的使用是有效率的，因为理性的人会把有限的资源用到收益最高的地方。换言之，保护土地免遭他人侵占的边际代价正好等于其边际收益。这意味着，在边际上，用于武力资源的价值等于用于其他用途（如圈养牛羊）的价值。

（3）出现了个人效率（微观效率）与社会效率（宏观效率）的的差距。因为对于社会来讲，用于防御他人侵占的资源或代价本来可以用来生产更多的农产品，而现在却必须把一部分资源投入到武力防御方面去，这对社会来说是一大损失。

（4）国家在建立产权保护体系方面是最具有优势的组织。个人效率与社会效率差异的关键，在于每个私人单独用武力保障土地所有权不可能达到规模经济。新的产权制度的费用或代价，应该少于每个私人单独用武力保障土地所有权的成本总和。用经济学的语言说，就是由社会建立起一套防御侵占土地的大规模武力系统比建立许许多多小规模的私人武力系统具有规模上的经济效应。新制度经济学的分析表明，国家在建立产权保护体系方面是最具有优势的组织。

2. 产权制度起源的“思想实验”的意义

（1）要解释在没有政府的情况下人们如何靠武力来声明对土地的权利。通过对“自然状态”（无政府状态）的研究既可发现制度起源的根源，又可分析制度的效率。

（2）阐述了建立一个政府并由政府履行和保障产权的优势在什么地方。即市民社会可以产生“社会剩余”或“合作剩余”。在“自然状态”下人们为保障土地产权所花费的代价与市民社会中产权制度运行成本之间的差值称为“社会剩余”，它相当于博弈论中的“合作剩余”。

（3）描述了合作利益的分享协议是如何规定分配比例的。分配制度的好坏又转过来影响“社会剩余”数量的多少。

3. 德姆塞茨关于私有产权的起源

他认为，私有产权的首要功能在于驱使经济参与人实现“外在性进一步的内在化”（德姆塞茨，Demsetz，1967）。建立私人所有制以及排除非所有者的使用（消费），将促使所有者对资源使用成本和收益进行理性计算。更进一步地，如果所有权可转让给出价最高的人，那么社会福利将趋于最大化。所有权结构最终会调整到如此状态，即每种资源均被置于对它评价最高的人手中。因此，从效率的角度来看，所有权的初始分配并不重要。基于这种理论，德姆塞茨认为产权的初始分配完全可以“随机决定”。

（六）制度起源理论小结

（1）制度的形成有两种方式：①制度是自然演化的结果，如哈耶克就是这种观点；②制度是人为设计的结果，这些设计者往往是立法者、政治企业家或从事机制设计的经济学家。

（2）制度是N人博弈的均衡解。博弈论研究表明，当“囚犯困境”模型多次重复以后，双方会从不合作均衡走向合作均衡。这有两方面的含义，第一，双方之间的多次博弈，可以看作是两个经济个体之间的相互行动，即交易。第二，多次博弈的作用，是给双方带来比较不同选择（合作还是不合作）的结果的较充分的信息。双方都会在多次博弈中逐渐意识到，选择合作策略比选择不合作的预期收入要高。这恰是博弈论对制度的理解：制度是 N 人博弈的均衡解。

（3）制度既是博弈规则，也是博弈均衡，是一种“博弈的内生规则”（endogenous-rules-of-the-game）。制度的本质特征是参与人行动选择的自我实施规则，在重复博弈的状况下，这些规则被认为是重要的，因此它们能规制参与人持续不断的互动过程，而且这些博弈规则是在一个相关的领域内参与人通过互动而内生的。制度的形成过程是一个多次博弈的过程。经济活动中的“合作解”并不是一次博弈完成的，而是重复博弈的结果。

第三节　制度的功能

本节要点：制度六大功能，并且对每一功能都分别举例说明。

一、制度能降低交易成本

制度可以降低交易成本，这是制度的基本功能之一。制度为节约交易费用提供了有效途径，而交易费用的节约则是市场秩序稳定有序的主要标志。

许多制度制定出来的目的就是为了降低交易成本，有效的制度能降低市场中的不确定性、抑制人的机会主义行为倾向，从而降低交易成本。

二、制度为实现合作创造条件

制度的一个功能就是使复杂的人际交往过程变得更易理解和更可预见，从而不同个人之间的协调也就更易于发生，以此增进主体之间的合作与交往。

因为一定的制度框架作为行为体责、权、利的明确划分和强制规范，就使每个行为体的目的、手段及与之伴随的后果之间具有客观的因果关系，因此每个行为体的行为不仅具有最大程度的可预知性、可计算性，而且具有相对的稳定性，给主体间的合作创造了条件。

制度为人们在广泛的社会分工中的合作提供了一个基本的框架。制度的基本作用之一就是规范人们之间的相互关系，减少信息成本和不确定性，把阻碍合作得以进行的因素减少到最低限度。因此，从制度的基本功能出发，制度与秩序具有同一内涵。

三、制度提供人们关于行动的信息

制度规定人们能做什么，不能做什么，该怎样做，不该怎样做，也就等于告诉了人们关于行动的信息。

（1）借助制度提供的信息，人们可以确定自己的行动。只要自己的行动是符合规则的，一般来说，他的行动就能达到目的。

（2）借助制度提供的信息，人们也可以预期他人的行动。由于人的行动是与他人发生关系的，是和他人的行动互动的，因而获悉他人的行动信息就显得尤为重要。只有知道他人的行动，知道他人对自己行动的反应，才能决定自己的行动，才能合理地调节与他人的关系，从而达到自己的目的。

（3）没有制度会导致两种情形：一是无所适从，一是产生从众心理。这两种情形在新旧社会交替和一种社会转轨变型时期表现得尤为突出，这会使社会上的一些特殊阶层或"聪明人"抓住制度空白和比较混乱的时机，大肆捞取不正当的利益。

（4）有制度不执行的后果：如果一种虽然看上去很好的制度得不到严格的执行或者根本就没有被执行，这种信息就会对人们产生强烈的刺激：人们或者冷眼旁观、静观其变；或者猛烈抨击、大加谴责；或者干脆就同流合污。无论上述那种情况发生，对社会的危害都是巨大的。

四、制度为个人选择提供激励系统

制度的激励功能，它通过提倡什么、鼓励什么或压抑什么的信息传达出来，借助奖励或惩罚的强制力量得以监督执行。制度的激励，可以规定人们行为的方向，改变人们的偏好，影响人们的选择。没有激励功能的制度是不存在的，但对社会来说，激励程度的大小差异，足以决定发展的快慢。

制度的有效性决定着个人选择的有效性，从而决定着经济绩效，一个社会如果没有实现经济增长，那就是因为没有为经济方面的创新活动提供激励，也就是说，没有从制度方面保证创新活动的行为主体应该得到的最低限度的报偿或好处。

五、制度能约束主体的机会主义行为

1. 制度能约束人的机会主义行为

"人具有随机应变、投机取巧、为自己谋取更大利益的行为倾向"。显然，人的机会主义行为结构必然是使市场秩序形成混乱。制度的限制或约束是必要的，正是因为它的存在，社会才可能稳定，秩序才可能形成。制度可以在一定的程度上约束人的机会主义行为倾向。

2. 制度也决定了人的行为选择的空间

而在既定的制度下，人的行为选择也总会达到制度允许的边界范围，使自己的效用最大化。

制度决定了人的活动在操作层面的选择集。尽管制度是后天的，依生产方式、交往方式的变化而变化。但对特定时代的人来说，却是他们一出生就面对的、既定的，因而是无法选择的。人们只能在它提供的范围内或设计的框架中活动，不能脱离它、跨过它。个人行为选择所达到的满足程度则取决于制度。

六、制度具有减少外部性的功能

新制度经济学主要是从成本—收益的角度来讨论外部性的。在科斯看来，许多负外部性的产生都与产权界定不清有关。有些制度经济学家根据科斯的这一观点，将产权制度的主要功能界定为是导引人们实现将外部性较大地内在化的激励。建立排他性产权制度是人类社会经济发展史上的一个伟大转变。建立排他性产权制度的过程也就是将外部性内在化的过程。也只有在排他性产权制度建立后，成本—收益之类的经济计算才有了真实的意义。

基本概念：

制度　正式制度　非正式制度　制度的稀缺性

思考

1. 制度的内涵是什么？
2. 制度的本质是什么？
3. 简述制度的构成。
4. 制度有哪些功能？
5. 试述正式制度与非正式制度的关系。
6. 试述制度的起源。

参阅文献

1. 诺思：《制度、制度变迁与经济绩效》，上海三联书店 1994 年版，第 5、6 章。

2. 卢瑟福：《经济学中的制度》，中国社会科学出版社 1999 年版，第 5 章。

第五讲　制度变迁与制度创新

一种稳定而有活力的宪法秩序会给政治经济引入一种文明秩序的意识——一种关于解决冲突的基本价值和程序上的一致性，这种意识会大大降低创新的成本和风险。

内容提要：

（1）制度创新的动力与过程；

（2）制度创新与技术创新的互动等；

（3）制度需求与制度供给及其相互关系；

（4）制度变迁的轨迹与过程、制度变迁的模型等。

第一节　制度创新

一、制度的局限

要点：从制度的作用、实效和制度稳定性及可变性的矛盾中说明制度的局限性。

（一）制度能起的作用是有限的

（1）制度由人的关系来决定。制度是从人的关系演化而来，它可以规定、确认、强化、调节和控制现有关系，却不能决定关系的产生。在生产、关系和制度三者中，制度是一个被决定方面的因素，它的产生、性质由生产、交往规定，它的功能因而也不以人的意志为转移。

（2）制度对人的行为的约束有限。制度可以规定人怎样行动，却不能规定人怎样思想，不能规定人的观念，尽管它对人的思想、观念有重大影响，它作为限制人们行为的规则，是理性选择的结果，建立在理性基础之上，但对非理性的情感则力不从心，在碰到思想和情感问题时，制度运行就不那么顺畅，甚至会发生扭曲。这表明，制度对人的行为的约束是不完全的。

（二）制度的实效是有限的

1. 我们要区分制度的效力和实效

效力是指制度标志规范的存在，制度规范是有约束力的，人们应当并且能够按制度所规定的那样行动，应当并且能够服从和适用制度规范。实效是指人们的行为符合制度规范的要求，他们实际上是按照制度的规定去做的，制度规范在生活中确实被服从和适用了。实效是效力的一个方面，一个条件，但不是效力的本身，不是效力的理由。我们不能因为制度没有实效而说制度没有效力。

2. 造成制度实效与效力差异的原因

（1）在于制度是否符合某种利益。制度对于那些风险巨大然而收益也同样巨大的行为，制度的约束是有限的，它可以竭力防止，却无法令人不做。

（2）制度自身不完善。这是制度失灵的一个重要原因，制度失灵不仅使制度不能有效地惩恶，也不能有效地扬善。制度不完善有着更深层的原因，这就是制度自身存在着规定性和选择性的矛盾。从维护某种目标和保障社会稳定有序的角度看，制度规定越详细越好。但制度规定越细，意味着人们活动的空间越小，而越是遵守制度，循规蹈矩于被分割的越来越小的空间范围内，人越显得机械、呆板，这显然不利于发挥人的积极性、主动性和创造性。从这个角度看，制度应当给人的选择留出充分空间，但这样一来，制度也就为违规行为提供了机会，使违规行为成为可能。所以，一个好的制度应该是在保持秩序和稳定的前提下，为主体能动性的发挥提供充分的空间。

（三）制度的稳定性与变化性的矛盾构成了制度的局限性

制度的稳定性与变化性是一对矛盾。制度是压制变化的，即使在变迁已在进行时，那个被改变的制度也是起着阻碍作用的，人的行为不断变化，新的关系不断产生，制度并不随着变化而变化，否则它将失去稳定性，不再成为自身。制度对变化的压制，在开始阶段基本上有利于社会的发展，但其后就逐渐成为阻碍社会发展的因素，所以每一次革命或改革，制度都是首当其冲的对象。

二、制度创新的动力与过程

要点：制度创新的内容、原动力，制度创新的成本收益比较与创新的五个阶段，诺思的制度创新模型，技术创新和制度创新的互动。

（一）创新及制度创新的概念

1. 创新的概念

熊彼特认为，所谓创新，就是建立一种新的生产函数，也就是说，把一种从来没有过的关于生产要素和生产条件的“新组合”引入生产体系。创新包括产品创新、技术创新、组织创新和市场创新等（熊彼特，1912 年出版的《经济发展理论》首次提出）。

2. 新制度经济学中制度创新的含义：主要有以下几方面的内容

（1）制度创新一般是指制度主体通过建立新的制度以获得追加利润的活动，它包括以下三方面：第一，是反映特定组织行为的变化；第二，是指这一组织与其环境之间的相互关系的变化；第三，是指在一种组织的环境中支配行为与相互关系规则的变化。

（2）制度创新是指能使创新者获得追加利益而对现行制度进行变革的种种措施与对策。

（3）制度创新是在既定的宪法秩序和规范性行为准则下制度供给主体解决制度供给不足，从而扩大制度供给的获取潜在收益的行为。

（4）制度创新是由产权制度创新、组织制度创新、管理制度创新和约束制度创新等四方面组成。

（5）制度创新既包括根本制度的变革，也包括在基本制度不变前提下具体运行的体制模式的转换。

（6）制度创新是一个演进的过程，包括制度的替代、转化和交易过程。

综合观之，所谓制度创新是指社会规范体系的选择、创造、新建和优化的通称，包括制度的调整、完善、改革和更替等。

（二）制度创新的动力

要点：制度创新的原动力、创新的成本及成本收益比较。

（1）动力：从一般意义上讲，制度创新的终极动力在于追求个人利益最大化，如出现预期的净收益超过预期的成本，一项制度就会被创新。可以说，制度创新是制度主体根据成本效益分析进行权衡的结果。制度创新只有在这样两种情况下发生：①创新改变了潜在利益；②创新成本的降低使制度的变迁变得合算。

制度创新的原动力在于：作为国家和社会主体的个人、社团和政府都企图在这一过程中减少实施成本和摩擦成本，从宏观上谋取经济、政治和社会的最大收益，从微观上对不同主体的行动空间及其权利、义务和具体责任进行界定，有效约束主体行为，缓解社会利益冲突。

（2）制度创新的成本主要由这几部分构成：①规划设计、组织实施的费用；②清除旧制度的费用；③削除变革阻力的费用；④制度变革带来的损失及变革的机会成本等。

（3）制度创新的成本—收益比较：①某制度设立与该制度缺位在成本效益方面的比较；②把同一制度安排和制度结构的运行效益与运行成本加以比较；③对可供选择的多种制度的成本收益进行比较，选择净收益最大的一项制度。

（三）制度创新的渐进过程

要点：制度创新的五个阶段。

1. 制度创新的过程

戴维斯和诺思认为，制度创新的过程是制度失衡与制度均衡的交替变化过程。在制度均衡状态下，对现存制度的改革，不会给从事改革者带来更大的利益，因此，这时不会出现制度创新的动机和力量。但如外界条件发生变化，或市场规模扩大，或生产技术发展，或一定利益集团对自己的收入预期有改变等，而出现了获取新的潜在利益的机会时，可能再次出现新的制度创新，然后又达到制度均衡。在制度学派经济学家看来，制度不断完善的过程，就是这样一种周而复始的从制度的非均衡到制度均衡的动态变化与发展过程。

2. 创新的五个阶段

（1）形成“第一行动集团”阶段。所谓“第一行动集团”是指那些能预见到潜在市场经济利益，并认识到只要进行制度创新就能获得这种潜在利益的人。他们是制度创新的决策者、首创者和推动人，他们中至少有一个成员是熊彼特所说的那种敢于冒风险的、有锐敏观察力和组织能力的“企业家”。

（2）“第一行动集团”提出制度创新方案的阶段。

（3）“第一行动集团”对已提出的各种创新方案进行比较和选择的阶段。

（4）形成“第二行动集团”阶段。所谓“第二行动集团”是指在制度创新过程中帮助“第一行动集团”获得经济利益的组织和个人。这个集团可以是政府机构，也可以是民间组织和个人。

（5）“第一行动集团”和“第二行动集团”协作努力，实施制度创新并将制度创新变成现实的阶段。

（四）制度创新的模型：“诺思模型”

要点：制度的均衡和非均衡。

诺思的制度创新理论最主要反映在他与戴维斯合著的《制度变迁和美国经济增长》一书中，诺思和戴维斯沿用了新古典经济学经济人的行为假设，即假定制度创新主体是追求利润最大化的，并采用正统的成本—收益分析方法。由此他们揭示：

（1）制度创新的条件和动因。一项新制度的初始必要条件是贴现的预期收益超过预期成本；只有这一条件被满足时我们才希望能试图改变一个社会中既存的制度结构和产权结构。

（2）制度变迁过程。诺思等人把制度变迁视为一种制度均衡—非均衡—均衡的过程。所谓制度均衡实际上就是现存的制度结构处于“帕累托最优状态”之中，在这一状态中，现存制度安排的任何改变都不能给经济中的任何人或任何团体带来额外收入。

制度的非均衡：因为一些外在事件能衍生出对现存制度安排的压力：

（1）新的潜在收入随着条件的变动产生，一项新的制度安排会实现这种潜在收入。潜在收入来源主要有四个方面：第一，服从报酬递增的新技术应用及规模经济所带来的利润。第二，外部经济内部化带来的利润。第三，克服风险带来的利润。第四，交易费用转移与降低带来的利润。由于存在潜在利润或称外部利润，一项新的制度安排能够实现潜在利润或把外部利润内在化。

（2）组织或者群体（个人）操作一个新的制度安排的成本可能发生改变。例如，由于出现了新技术发明，使得某项制度变迁成本大为降低。

（3）法律上或政治上的某些变化可能影响制度环境，使得某些集团实现一种再分配或获得现存的外部利润的机会成为可能。

这也就意味着现存的制度结构处于非均衡的状态，存在向新的帕累托改进的可能。而一旦新的制度被创新并实现了帕累托最优，则新的制度均衡就出现了，制度变迁的过程也就完成了。

三、制度创新与技术创新的互动

（一）技术决定论

技术决定论认为技术变迁决定制度变迁。这一观点的主要代表是以凡勃伦为代表的美国制度学派。技术决定论者认为，技术是自主的，有其内在的发展规律和“轨迹”。技术变迁是技术内在逻辑的产物，它的发展决定制度变迁和社会进步。技术创新成为经济增长和制度变迁的核心力量。

（二）制度决定论

1. 制度决定技术演进的进程

以诺思等人为代表的新制度学派发展的制度创新理论则认为技术创新和经济增长是同一件事，决定性的因素则是制度创新。虽然技术自身的演进（科学理论的突破及在实践中的应用）对经济发展起着重大的影响，是不可选择的，但技术演进的进程（速度）却是可以选择的，即相应的制度安排可以延缓或加速这一进程。

2. 制度创新是增长的关键因素

高效率的制度安排是经济增长的关键，技术存量规定了人类活动的上限，但其本身决定不了人类何以成功，而实际产量还要受制度的约束。正是制度安排决定了知识和技术的增长速度。诺思甚至认为，即使没有技术创新，单是制度创新也能实现经济增长，如英国产业革命的发生是由产权制度造成的。

3. “创新过程”既包括技术创新，又包括制度创新

新制度经济学将技术创新和制度创新都看成是一种“创新过程”，经济制度的演变被认为是人为降低生产的交易成本所作的努力，技术创新则被认为是人为降低生产的直接成本所作的努力。技术创新与制度创新的动力都来源于某些经济变量所诱致的潜在利润，而潜在利润的产生又导源于外部世界的不确定性。

4. 制度创新决定技术创新

新制度经济学认为，以往能认为的经济增长的原因，如技术进步、投资增加、专业化和分工的发展等，并不是经济增长的原因，而是经济增长本身，经济增长的原因只能到引起这些现象的制度因素中去寻找。在技术创新和制度创新的相互关系中，新制度经济学认为，制度创新决定技术创新，而不是技术创新决定制度创新，好的制度选择会促进技术创新，不好的制度选择会将技术创新引离经济发展的轨道，或扼制技术创新。

改进技术的持续努力只有通过建立一个能持续激励人们创新的产权制度以提高私人收益才会出现。

5. 技术创新对改变制度安排的收益和成本的普遍影响

（1）技术创新对改变制度安排的利益有普遍的影响。技术创新在相当范围内产生了规模报酬递增，从而使建立更为复杂的经济组织形式如股份公司变得有利可图。作为规模经济的一个副产品，技术创新产生了工厂制度，也产生了使当今城市工业社会得以形成的经济活动之聚集。

（2）技术创新降低了某些制度安排的操作成本。例如，电报、电话、计算机和卫星通信工具等技术创新的发展，使搜寻、传递信息的成本大为降低。同样，通信技术的改进大大降低了建立在所需空间上相互移动的个人参与基础上的制度安排的组织成本。

（3）由制度创新所释放的新的收入流是对制度变迁需求的一个重要原因。新制度经济学家探讨组织产生的原因时，往往离不开知识和技术的背景。组织的逻辑往往是：技术创新使大量生产成为可能，降低了生产成本但同时产生了高额的交易费用，如果完全使用市场交换，交易费用将高得使技术创新所带来的好处消失，因而产生了组织。

6. 结论

两者互动，关键取决于生产力和生产关系的矛盾运动。事实上，如果将创新看作一个系统的话（实际上创新也就是一个系统），技术创新和制度创新是它的两个不可或缺的组成部分，双方共同构成互相联系、互相推进的有机整体，唯有它们整合在一起，才形成推动经济增长的现实力量。

一般而言，技术创新是生产力中最活跃的部分。因为技术创新的主体是人，而人具有积极能动性，是生产力中最活跃的因素。生产力的发展，迟早会冲破旧制度的束缚，导致制度变迁，而制度变迁又为新的技术创新提供了更为广阔的创新空间和宽松的创新条件，激励进一步的创新。正是由于技术创新和制度创新的此起彼伏的矛盾运动，才构成了创新系统的不断发展，创新系统的螺旋式上升过程导致技术创新和制度创新的水平不断上升。

技术创新和制度创新之间的关系以及它们在创新体系中的地位和作用不能一概而论，作为一个系统的两个组成部分，不同的时间、不同的地点、不同的发展阶段，矛盾运动的主要方面也会发生变化。当一种制度处于比较发达和完善的状态时，技术创新占主流，对经济增长起着主导作用，此时制度创新显得并不那么重要；但当完善的制度尚未建立起来时，制度变迁显得相当重要，技术进步的水平及其对经济发展的持续贡献则取决于相应的制度安排。

技术创新的需求拉动了制度的创新。由于技术创新是生产力中最活跃的部分，因此，往往是实践中技术创新对制度提出新的要求，从而导致制度的变革。所以，技术创新往往是创新的突破口，来自市场的竞争、需求是企业技术创新的最根本动力。

制度本身有很大的惰性。制度一旦形成，没有足够的压力和刺激，人们不会考虑改变它，而技术就不一样，尽管技术的发展方向受社会经济发展的影响很大，但它是积极主动的变化，这是因为人们为了生存和发展总要积极能动地去改造自然。因此，制度创新成为技术创新的“桎梏”和“瓶颈”，这是由于制度创新滞后造成的。

技术创新和制度创新之间的运行规律是这样的：技术创新总是连续进行的，它开始往往是在既定的制度框架内进行的，这是稳定发展阶段，在这一阶段内，技术创新是创新系统运动的主要方面，而当技术创新达到一定规模和水平，就必然要求制度发生变迁以适应技术创新的需要，所以说制度创新是非连续的、突变的。

由此可见，技术创新是制度创新的源泉和动力，也是制度创新的前提，而制度创新又是技术创新的必要准备。在创新系统中，技术创新是形成生产力的直接因素，但技术创新需要一系列诱导机制，这些诱导力量则来自于制度创新。

第二节　制度的需求与制度的供给

本节要点：制度的需求与供给的定义及影响因素，制度供求的均衡与非均衡以及制度变迁的周期。

一、制度的需求及其影响因素

（一）制度需求

（1）人们之所以对制度产生需求，是与其功能和作用不可分的。因为制度能够给人们提供便利、增进人们的利益，这种方便和利益就是制度发挥的功能和作用。

（2）制度与一般的经济物品比较，二者有很多相似之处。

制度不是免费的。首先，制度是稀缺的，制度的生产是有成本的。其次，制度的消费也不是免费的，个人在利用制度提供的作用时，不得不付出时间、精力和财务资源。

给定其他条件不变，大多数制度价格（制度使用成本）的上升会降低这种制度的需求。

制度需求是有支付能力的需要，这与物品购买受制于预算约束类同。支付能力包括时间的、精力的和货币的支付能力。

（二）影响制度需求的因素

影响对新的制度安排的需求的因素，也就是使改变制度安排所产生的预期净利益发生变化的因素。

（1）相对产品和要素价格。相对价格的变化改变了人们之间的激励结构，同时也改变了人们讨价还价的能力。而讨价还价能力的变化导致了重新缔约的努力。因此产品和要素相对价格的改变是制度变迁的源泉。

诺思认为，历史上存在着两个重要的人口与资源比例的转折点，与此同时，就形成了第一次和第二次经济革命。人口变化将引起劳动力—土地价格比率的变化。如人多地少，土地价值上升，就会使制度变迁的“砝码”倾向于土地产权制度；反之，人少地多，劳动力价值上升，就会使制度变迁的“砝码”倾向于人的财产制度的变迁。其他要素也可作类似分析。

（2）宪法秩序。宪法秩序的变化，即政权的基本规则的变化，它能深刻影响创立新的制度安排的预期成本和利益，因而也就深刻影响对新的制度安排的需求。有了一套长期有效的规则，经济与社会便有了长期稳定与发展的基础和保障。宪法就是一套最基本的规则，构成基本的制度；日常各种经济社会问题好解决或不好解决，都能从宪法的结构中找到原因。这就是为什么制度变革最终总会成为“宪法变革”的原因所在。

（3）技术。技术变化决定制度结构及其变化。技术发展水平及其变化对制度变迁的影响是多方面的。例如，技术进步能降低产权的排他性费用，从而使私有产权制度成为可能。对任何制度的需求都不能离开技术这个因素。人类对“好”的制度的需求，除了受利益、相对价格等因素的制约以外，还要受技术因素的制约。

（4）市场规模。根据阿罗的定义：交易费用是制度运行的费用。市场规模越大，分工也越细，从而交易费用也会上升。在这种情况下，制度创新可以降低交易费用，从而会增加对制度的需求。

二、制度的供给及其影响因素

（一）制度供给

制度供给即是制度的生产。制度可能由人们有意地设计出来，也可能是逐步演化而自发形成，这两种不同的制度供给方式有不同的特点。设计创造的制度是正式制度，逐步演化的制度是非正式制度。

1. 正式制度的供给

（1）国家出现以前，制度供给不足。正式制度作为管束群体竞争与合作关系的正式规则，生来就应该对群体的所有成员有效。排除群体中享受制度的部分成员在技术上倒不是不可能，但这样做是不可取的、不经济的。因而在国家出现之前，正式制度的供给量是不足的，维系社会运转的更多是靠非正式制度。

（2）国家在制度供给上的优势：国家能够增加制度供给量。国家本身是一种制度安排，其特殊性在于它在暴力方面是具有规模经济的组织，国家是暴力的自然垄断。暴力国家作为专业化的制度供给者通过规模经济克服了个别制度供给者遇到私人净收益和社会净收益不对称时的个别斤斤计较。它不必要求一致同意就能推行规则，在至少能维持其已有利益水平时就可能发生。

（3）国家在制度供给上的消极作用：即国家的正式制度供给常常不是自由契约的结果，它包含了国家的强力意志。

国家强力意志没有有效的制衡机制时极易演变为只是官僚们实现自身利益的工具，扭曲制度供给。国家本身不是一个独立主体，没有自己独立的偏好和目标函数，国家是有血有肉的人的组织。公共选择也有非理性的一面，同样存在失灵问题。

正如诺思悖论所示：国家的存在是经济增长的关键，然而国家又是人为经济衰退的根源。在人民群众和国家目标能够兼容和一致的情况下，国家也可能由于社会科学知识的限制而不能供给有效的制度。

2. 非正式制度供给

（1）非正式制度的供给不包含集体行动。因而个别供给者的行为尽管有外部效果，但却不存在“搭便车”的问题。制度的供给完全取决于个别人对供给的收益和成本的计算。这里供给成本不仅是供给过程中时间、精力和财务资源的支出，更多地包括所处环境形成的社会压力，如道德和习俗等。这正是一个社会中非正式制度变迁缓慢的原因，国家的强力干预也不得不顾及这个事实。

（2）非正式制度也不是永远凝固不变的。在人类的历史长河中，我们看到习俗、习惯、禁忌等都已经发生和正在发生变化。也就是说，非正式制度的供给是存在的。只要个人觉得制度创新有利可图，他就会创造新的习惯和道德，而不管诸如此类的规则看上去是如何的根深蒂固。影响非正式制度供给的一个因素是社会中的相互作用程度，相互作用频率越高，供给越不易实现。因而在相互作用频率低、流动性高的社会里，非正式制度的约束力会降低，非正式制度供给将会减少，达到社会秩序的目的将依赖于更多的正式制度供给。

（二）影响制度供给的因素

1. 宪法秩序

宪法秩序从四个方面影响制度创新和制度供给。

（1）宪法秩序可能有助于自由的调查和社会实验，或者可能起根本性的压制作用。如果是后者，制度变化所依赖的知识基础将受到削弱，变化将受到扭曲或阻碍。

（2）宪法秩序直接影响进入政治体系的成本和建立新制度的立法基础的难易度。如果在现有宪法秩序下，利益主体无法承受进入政治体系的成本或者既得利益格局对新的立法阻力过大，都将有可能限制制度创新；反之，则有助于制度创新。

（3）宪法秩序为制度安排规定了选择空间并影响着制度变迁的进程和方式。如宪法通过对政体和基本经济制度的明确规定来界定制度创新的方向和形式。

（4）一种稳定而有活力的宪法秩序会给政治经济引入一种文明秩序的意识——一种关于解决冲突的基本价值和程序上的一致性，这种意识会大大降低创新的成本和风险。

2. 制度设计成本

制度设计的成本，取决于设计新的制度安排的人力资源和其他资源的要素价格。

3. 现有知识积累及其社会科学知识的进步

弗农·拉坦观察到制度变化的供给依赖于两个因素：知识基础和创新成本（与收益相关）。拉坦断言，我们拥有社会科学的知识越多，我们设计和实施制度变化就会干得越好。社会科学和有关专业知识的进步降低了制度发展的成本，正如自然科学及工程知识的进步降低了技术变迁的成本一样。

4. 实施新制度安排的预期成本

制度从潜在安排转变为现实安排的关键就是制度安排实施上的预期成本的大小。一些好的制度安排因实施的预期成本太高而无法推行。

5. 现存制度安排

现存的制度安排影响制度提供新的安排的能力。初始的制度选择会强化现存制度的刺激和惯性，因为沿着原有制度变迁的路径和既定方向前进，总比另辟路径要来得方便一些。笔者把这比喻为制度变迁中的一种“惯性”。如果初始制度安排（尤其是宪法秩序）选择方向正确，那么这种“惯性”有利于社会经济的发展；反之，这种“惯性”就成为新制度安排的一个障碍（或制约因素）。

6. 规范性行为准则

规范性行为准则是一个植根于文化传统的制度类型。新制度经济学家们（如诺思、Hayami 及拉坦等）反复强调制度安排应与文化准则相和谐，否则就使一些制度安排难以推行或者使制度变迁的成本大大地提高。规范性行为准则是制约制度供给的一个重要潜在因素。

7. 上层决策者的净利益

上层决策者的净利益如何影响制度供给是一个比较复杂的问题。这首先取决于一个国家或地区的集权程度。在一个高度集权的国家，上层决策者的净利益对制度供给将起着至关重要的作用。

三、制度供求的均衡与非均衡以及制度变迁的周期

（一）制度的均衡

（1）定义：所谓制度均衡，就是人们对既定制度安排和制度结构的一种满足状态或满意状态，因而无意也无力改变现行制度。从供求关系来看，制度均衡是指在影响人们的制度需求和制度供给的因素一定时，制度的供给适应制度需求。

任何一项制度安排和制度选择都不是随意决定的，而是人们依据成本—收益分析权衡及其选择的结果。一种制度安排和制度结构只要其收益大于零，且在各

种可供选择的制度安排和制度结构中净收益最大，这项制度就是最佳制度了。这时的制度状态就是制度均衡。

制度均衡实质上是指制度达到了“帕累托最优”，制度均衡类似于帕累托最优的地方在于：现有的制度安排和制度结构已达到了理想的境地，再也没有调整的必要了。

（2）制度均衡的多重性和全面性：从单一制度的需求与供给入手并达到均衡，只是分析的起点。制度均衡是多重的和全面的，这表现为制度的复杂性、多样性和稳定性。多重性均衡含有制度在不同层次上的力量平衡，如子均衡、子子均衡等；全面性则意指着一般均衡的状态。与阿罗—德布鲁一般均衡模型比起来，制度一般均衡并不意味着制度的最优性。

（3）制度均衡不等于制度最优：制度存在是制度需求与制度供给力量在时点上的平衡，理解制度的存在是制度分析的基础性工作。在均衡存在的时点上，人们不会改变已有的行为规则，这印证了存在即合理的思想，如果不存在暴力和强制，这种均衡的制度应该说是最有效率的制度，也是最优的制度。遗憾的是，强力意志的介入使得均衡制度的数量和价格常常不是社会最优的水平，形成制度供给不足或制度供给过剩。这种约束条件下的制度均衡尽管处于稳定状态，但却存在改进的可能，因而沿时间和空间展开都面临制度变迁的压力，一种均衡必将为新的均衡所代替，这个均衡点的轨迹就是制度的存在及其演化。如果不存在暴力和强制，制度的供给尽管是有效的，但却是不足的，而且在时空的展开过程中同样面临制度变迁的问题。制度均衡只是一种理想状态，实际制度状态偏离制度均衡的程度。

制度供需均衡是制度变迁过程中的偶然现象。制度的非均衡现象则是常态，“不均衡—均衡—不均衡”反复循环构成制度变迁的过程，制度变迁在某种程度上讲，就是一个“帕累托改进”的过程。

（二）制度非均衡及其类型

1. 定义

所谓制度非均衡就是人们对现存制度的一种不满意或不满足，意欲改变而又尚未改变的状态。从供求关系看，制度非均衡就是指制度供给与制度需求出现了不一致。

之所以出现了不满意或不满足，是由于现行制度安排和制度结构的净收益小于另一种可供选择的制度安排和制度结构，也就是出现了一个新的盈利机会。

2. 制度非均衡的类型主要有

（1）制度供给不足。对新制度服务需求的产生往往先于该制度实际供给的形成，从而造成制度有效供给不足。

产生制度供给不足的原因：①制度供给的“时滞”。②因外部效果、“搭便车”等问题导致诱致性制度变迁中出现制度供给不足。③强制性制度变迁中，由于上层统治者利益方面的原因而出现制度供给不足。④还有一种体制性制度供给不足，在压制创新体制中政府处于垄断地位，垄断了制度的供给。

（2）制度供给“过剩”。制度供给过剩，是指相对于社会对制度的需求而言有些制度是多余的，或者是一些过时的制度以及一些无效的制度仍然在发挥作用。

产生制度供给过剩的原因：一般来讲，供给主导型制度变迁（或者政府主导型的制度变迁），由于政府的既得利益容易产生制度供给过剩问题。供给主导型制度变迁中制度供给取决于一个社会的各既得利益集团的权力结构或力量的对比。

（3）政府行为中的“政治创租”和“抽租”。所谓“政治创租”是指政府政客利用行政干预的手段来增加私人企业的利润，人为创造租，诱使私人企业向他们“进贡”作为得到这种租的条件。所谓“抽租”是指政府官员故意提出某项会使私人企业利益受损的政策作为威胁，迫使私人企业割舍一部分既得利益与政府官员分享。

（4）政府干预政策的延续性。对寻租的“路径依赖”是政府干预政策延续性形成的一个原因。与那些能通过市场创利的经济主体相比，寻租者的“比较优势”在寻租；对于他们来讲通过特权、配额、指标等途径获得租金比通过改进技术、提高产品质量获得利润的成本更低。因此，寻租者在长期的寻租过程中他们会形成一种对寻租的“路径依赖”。

（5）制度供给过剩与管制需求密切相关。施蒂格勒认为，现存的美国经济中的管制现象并不能用“市场失灵”理论来解释，却可以用利益集团对政府管制的需求来解释。经济管制主要不是政府对公共需要的有效和仁慈的反应，而是行业中的一部分厂商利用政府权力为自己谋取利益的一种努力。他们还企图使这些保护政策制度化、固定化，甚至法制化，既得利益者会拼命地维护这些过剩的制度。

产业管制的最大受害者是消费者。管制的过程实际上是消费者剩余转变为生产者剩余的过程。当消费者面对管制带来的负效用（如高价低质服务等）忍无可忍的时候，国家不得不逐步放松管制。此时，国家放松管制的最大障碍是受管制的部门。

3. 小结

（1）制度供给过剩是相对于公众而言的。对于制度的受益者（或既得利益者）来讲就不存在过剩的问题。既得利益者拚命地维护这些低效的或过时的制度是制度供给过剩这类现象持续存在的重要原因之一。

（2）制度供给不足与制度供给过剩是制度非均衡的两种基本形式。制度供给不足潜在利润的存在，制度创新能弥补制度供给不足，并能增加经济效率，即产生帕累托改进；制度供给过剩也表明潜在利润的存在，不过此时不是增加制度供给而是要取消一些制度。减少规章制度也能带来巨大经济效益。在这方面，西方有许多管制理论分析了这些问题。

（三）制度变迁的周期

1. 制度变迁的定义

制度变迁实际上是对制度非均衡的一种反应。制度变迁是指制度的替代、转换与交易过程，它的实质是一种效率更高的制度对另一种制度的替代过程。

诺思在《制度变迁理论纲要——在北京大学中国经济研究中心成立大会上的讲演》中认为，制度变迁是一个制度不均衡时追求潜在获利机会的自发交替过程。

林毅夫认为制度变迁是人们在制度不均衡时追求潜在获利机会的自发变迁（诱致性变迁）与国家在追求租金最大化和产出最大化目标下，通过政策法令实施强制性变迁。

2. 制度变迁的周期

制度变迁是分阶段进行的，是不同利益集团在外部利润引导下的博弈过程。制度变迁的周期是指在主导型利益集团的推动下，制度从僵滞阶段、经由创新阶段而到均衡阶段所构成的周期循环过程。

（1）制度变迁的起点：僵滞阶段。

僵滞阶段的制度特征：在该阶段我们称其主导利益集团为独占型利益集团。特征是独占型利益集团与国家力量结合在一起对资源的垄断。面对这种垄断，任何创新都显得毫无意义。对各种利益集团而言，理性的选择是从制度现有的总收益中，争取更大的分配份额。这种制度极不合理，但由于独占型利益集团与政府结盟，故该阶段在一段时期内是稳定的，此时整个社会的发展是缓慢的，资源配置处在一种十分扭曲的状态中。

收益递减导致制度创新：由于整个社会长期陷入僵滞状态，从而制度的收益渐次递减，独占集团直接的收益也不断递减，国家依赖独占集团获得的收入也越来越难以维持自身运作。此时制度的收益已经维持不了制度的存在，从而导致不同资源要素相对价格的变化。相对价格变化自身会产生交易收益，随着其他利益集团从中受益，要求有新的产权制度的建立。此时制度变迁的发展在所难免，制度变迁进入了第二个阶段——创新阶段。

（2）制度变迁的发展：创新阶段。

特征：一个主要特征就是新的产权形式的出现。而且这种新产权形式演进的方向是：愈来愈与个人的努力成正比，使个人收益与社会收益日趋一致。利益和利益的重新分配，造成社会上创新集团的崛起与独占利益集团衰退同时并存的局面。

政府开始保护创新集团。随着创新集团力量的增大，势必要求政府重新建立有利于它们的正式规则。为此创新集团必须拿出一部分利益交给政府，作为政府进一步保护它们的代价。而政府此时从创新集团取得的收益也大于在僵滞阶段取得的收益，政府也会为其取得更多的利益而开始保护创新集团，这些新出现的非正式规则逐渐演变为正式规则。这样，制度变迁在逻辑上合理的选择便进入了其第三阶段——制度均衡阶段。

（3）制度变迁的结束——制度均衡阶段。

特征：分享型利益集团的形成。仅以创新集团一个集团的力量是难以完成制度变迁的，必须拿出其收益的一部分与社会其他集团分享，此时便形成了一个新的主导利益集团——分享型利益集团。集团一旦形成，进一步推动制度变迁的发展。该集团为了使其收益能长期化，就必须使在创新阶段形成的新规则法律化、制度化。当这些基础性规则通过宪法和法律修订的形式确定下来时，标志着新制度代替旧制度的完成，从而形成制度均衡。

分享型集团将演变成独占型集团，均衡被打破。制度均衡阶段实为各利益集团博弈的均衡结果，此时制度带来的利益处在帕累托最优。由于制度均衡阶段是“帕累托最优状态”，缺乏通过制度创新而获得新增利益的动机。利益集团要想获得新增收益，就只能从现有制度的总收益中去获取更多更大的份额。分享型利益集团中将逐渐演变出独占型利益集团。制度均衡阶段再次走向制度僵滞阶段。

（4）制度变迁的周期小结。

正是由于交易成本不确定性以及既得利益集团的阻止，制度变迁实际上就是一个又一个的以制度僵滞、制度创新、制度均衡阶段而组成的循环过程，这三个阶段在本质上是一致的，区别只在于不同阶段的内容和特征有所不同。

当然下一个制度变迁循环的开始，是一种更高层次的循环，而不是简单的重复，实际上是一个预示着更高效率的经济制度的来临，所以两个循环周期的阶段是一样的，而阶段的内容则是不同的。一个社会的经济也就是在这个不断循环过程中得到发展的。

第三节　制度变迁的轨迹与过程

本节要点：制度变迁的原因，理论界几种制度变迁的模型，制度变迁的路径依赖与时滞，学习与制度变迁。

一、制度变迁及其发生机理

（一）制度变迁的原因分析

制度变迁就是在约束条件改变（外在环境的变动）下对制度的重新求解。其原因在于制度稳定性、环境变动性和不确定性及人对利益极大化的追求三者之间持久的冲突。

1. 制度的稳定性

稳定性是制度存在的理由。制度的稳定性使人们能形成对未来的稳定预期，从而达到减少生活不确定性的目的。没有稳定性导致的秩序，人类的社会生活是不可能的，制度的稳定功能是制度存在的理由。需要补充的是，稳定性应当主要被理解为一种总体的和全局的特征，即人类行为的可能依赖于一个整体上稳定的制度框架，制度框架中的边际调整和局部变化则是微不足道的。

稳定性又是制度变迁的原因。制度作为人们的行为规则和规范，是现实的和具体的，并非超时空的，而且也是不能自行改变的。人一方面需要制度提供的稳定功能，另一方面又会被其稳定不变性困扰。原因在于制度沿时间空间展开的过程中，会由于条件和环境的变化而失去原有的许多功能，原来适宜的制度就变成了过时的制度。制度不能自行变更的事实就要求人们采取行动，改变或打破旧的稳定性，建立新的稳定性。

2. 环境的变动性和不确定性

环境的变动性和不确定性一方面源于物质世界的运动，人类尚未认识或有一定认识但却无法对付，人类在很大程度上只能被动地接受它们的影响。另一方面，人类通过科学技术对物质的搬迁、转化、合成、分解等种种利用方式改变了自然环境，这些改变常常是不能很好预测的，于是在人们达到某些目的的同时出现了意想不到的副产品，物种灭绝、环境污染、疾病流行等很多问题也是人类生产力进步的“成果”。如果从微观的层次来考察，个人、个别家庭或个别地区面临的变动和不确性还包括个体之外的人为部分。世界是运动、变化、发展的事实，要求人们适时改变和调整已有行为规则才可能使自身的利益极大化。

3. 利益极大化努力

对于非正式制度，由于它仅取决于个人对收益和成本的计算，只要违犯非正式制度的收益看来要大于违犯的成本，个人就有动力违犯已有的规则，并逐步导致制度变迁。对于正式制度，由于“搭便车”的困扰而有供给不足，但供给也是存在的，这是因为有选择性激励使制度供给成为可能。国家出现后，制度供给又以新的方式出现了，这并不违背个人利益极大化原则。

二、制度变迁理论的形成和发展

（1）戴维斯和诺思是制度变迁概念和原因的最早研究者之一。他们认为，一项新的制度安排之所以能够出现，是因为人们对它的预期收益超过预期成本，“只有当这一条件得到满足时，我们才可望发现在一个社会内改变现有制度和产权结构的企图”。他们分析了制度变迁的一般原因。

（2）拉坦的诱致性制度变迁的模型：拉坦论证了技术变迁、制度变迁与经济发展之间的非常复杂的相互关系。即制度变迁可能是由对与经济增长相联系的更为有效的制度绩效的需求所引致的。

（3）林毅夫定义了诱致性制度变迁与强制性制度变迁。他认为，诱致性制度变迁指的是现行制度安排的变更或替代，或者是新制度安排的创造，它由一个人或一群人在响应获利机会时自发倡导、组织和实行。强制性制度变迁则是由政府命令和法律引入和实行。

（4）布罗姆利是从制度交易的角度来分析和探讨制度变迁理论的。人们因为有自己的对制度交易的偏好和选择，当他为增加自身的利益而且预期新制度安排能够带来足够的利益时，就会反对现行的制度结构，改变现存的制度安排，提出一种新的行为准则或所有权结构，以此作为社会经济活动的法律基础。

（5）杨瑞龙提出了我国制度变迁的三种方式。①他认为，改革之初我国选择的是“自上而下”的供给主导型制度变迁方式。这实际上就是拉坦和林毅夫分析的强制性制度变迁。②随着我国放权让利改革的深入，企业和农户拥有了一定的经营自主权，他们有较强的利益动机和行为，一旦认识到新制度安排具有潜在收益时，就会利用下放的决策权实施制度创新，这就是所谓的“自下而上”的诱致性制度变迁。不过，在自上而下的主导型制度变迁还存在的条件下，自下而上的诱致性制度变迁面临进入壁垒的障碍。③杨瑞龙还认为，通过放权让利的改革和“分灶吃饭”的财政体制的变革，地方政府“有可能突破权力中心设置的制度创新进入壁垒，从而使权力中心的垄断租金最大化与保护有效率的产权结构之间达成一致，化解‘诺思悖论’。这样一种有别于供给主导型与需求诱致型的制度变迁方式，我把它称之为中间扩散型制度变迁方式”。

杨瑞龙关于我国制度变迁理论的贡献在于他提出了中间扩散型制度变迁的概念和指出了我国由一个中央集权型计划经济的国家有可能成功地向市场经济体制渐进过渡的现实路径：改革之初的供给主导型制度变迁方式逐步向中间扩散型制度变迁方式转变，并随着排他性产权的逐步建立，最终过渡到与市场经济内在要求相一致的需求诱致型制度变迁方式从而完成体制模式的转换。

三、制度变迁的时滞与路径依赖

（一）制度变迁的时滞

1. 定义

时滞就是一种时间差，它是指某项活动从计划开始到产生实际效果之间的一项时间间隔，经济学中的一个重要概念。从认知和组织制度变迁到启动制度变迁有一个过程，这个过程就是制度变迁中的时滞。

2. 诺思变迁时滞的分析

诺思的制度变迁模型是一种“滞后供给”模型，就是在潜在利润出现和使潜在利润内部化的制度创新之间存在一定的时间间隔，即制度创新滞后于潜在利润的出现。

根据诺思的分析，制度变迁中的时滞可分为四个部分：

时滞1：认知和组织

这个时滞是指从辨识外部利润到组织初次行动团体所需要的时间。这个时滞的长短主要取决于：①一种制度安排创新中得到的潜在利润愈长，时滞愈短。②已知的合法安排选择单子愈长，时滞愈短。③组成初次行动团体的成员愈少，时滞将愈短。④如果组成有关行动团体成员的原型组织已经存在，则时滞将较短。⑤通信和交通条件愈好，时滞愈短。

发现外部利润是制度变迁的一个首要条件，外部利润能否内部化，又取决于初级行动团体的形成。

时滞2：发明

外部利润能否内在化，很大程度上取决于制度安排形式的选择。“发明”一种制度形式（如股份公司）也是需要时间的。与技术发明不同：制度的“发明”者既不能获得专利，其发明的成本也难以完全得到补偿。

制度形式“发明”的时滞取决于：①从新制度安排中能够实现的利润愈大愈确定，发明时滞就愈短。②以完整的形式被借用或把修正了的形式运作于其他行业或经济中的相似安排数目愈多，时滞就愈短。③经济环境对可选择方案的制约愈少，时滞就愈短。

时滞 3：菜单选择

菜单选择中的时滞是指搜寻已知的可替换的单子和从中选定一个能满足初次行动团体利润最大化的安排的时间。制度安排的方案多了，就面临着一个选择最佳方案的问题。如果每一个方案后都有一个利益集团，那么菜单选择的时间就更长了。尤其是：①在已知菜单上可行的安排选择数目愈多，时滞就愈长。②显现在菜单上的选择方案的现值分布愈大，时滞将愈短。③对外部利润内在化至少能起部分作用的现存安排的总成本中固定部分愈大，时滞则愈长。

时滞 4：启动时间

启动时滞是指可选择的最佳安排和开始旨在获取外部利润的实际经营之间存在着时间间隔。

启动时滞的长短主要取决于制度主体的不同，制度主体有个人、团体和政府，不同的制度主体因在规模、达成一致意见的时间上存在差异，就必然导致启动时滞。一般说，在个人安排的场合，创新的“启动”时滞最短。涉及自愿合作团体的长一些，涉及政府的则最长。

3. 产生时滞的因素分析

现存法律和制度安排的状态是产生时滞的最重要因素。因为：

①它限制了制度安排的演化范围；②现存制度安排可能还有残存价值；③发明是一个困难的过程；④制度创新是一个利益调整过程。这种利益调整过程是艰难且又复杂的过程。制度创新既有帕累托改进型的，也有非帕累托改进型的；在非帕累托改进型的制度创新过程中，就有一个对受损者的补偿问题。如果不能对受损者进行相应的补偿，那么新制度的推行就会被延期，甚至最终不得不被取消。

制度供给中的时滞还与人的有限理性、信息成本，甚至意识形态都有关。随着技术的发展及其知识存量的增加，制度供给时滞有缩短的趋势。尽管我们知识及其技术的进步能使制度供给曲线向右移，但这仅仅只是一种潜在的制度供给曲线，要使这条潜在的供给曲线转变为实际的供给曲线，那就需要各利益主体达成“一致同意”。

4. 制度变迁的三个层次

第一层次是制度创新中的潜在利润及成本与收益的变化，这个层次仅仅是新古典主义的原始制度变迁。第二个层次是考虑不同利益集团后制度变迁的博弈及其演变。第三个层次是引入国家后的制度变迁。国家是一个国家制度的最大供给者。越是到后面层次，制度变迁的利益矛盾也越尖锐。正因为利益矛盾的影响，国家所供给的制度经常是低效的。

（二）制度变迁的路径依赖与锁定

1. 路径依赖的定义和实质

路径依赖（path dependence）是西方新制度经济学中的一个名词，它指一个具有正反馈机制（positive feedback system）的体系，一旦在外部性偶然事件的影响下被系统所采纳，便会沿着一定的路径发展演进，而很难为其他潜在的甚至更优的体系所取代。也就是说，经济究竟向哪个方向发展，是“敏感依赖于初始条件的”（initial conditions sensitive dependence），这就是路径依赖的经济学本质。

路径依赖原理告诉我们“历史是至关重要的”，“人们过去作出的选择决定了他们现在可能的选择”。初始的制度选择即使是偶然的，但由于其带来“报酬递增”，结果强化了这一制度的刺激和惯性。诺思指出“时间对于制度演进至关重要”。具体地说，在路径依赖理论中所谓的历史事件包括在经济动态发展中的事件和环境，尤其指那些在传统经济学中被遗忘和忽略的微小事件和偶发事件，例如当事人的政治倾向、前期经验、合同签订时间、影响时间和决策的突发事件以及事件发生的具体次序等。可以说，对历史事件的地位的承认，正是路径依赖概念的根本之所在。

2. 诺思制度变迁的路径及其绩效的一般理论框架

诺思为了解决“是什么决定了历史上社会、政治或经济演进的不同模式”和“如何解释那些经济绩效极差的经济还生存了相当长的时期”两大理论问题，将路径依赖分析框架引入制度变迁分析之中，并建立起了分析制度变迁路径及其绩效的一般理论框架。用“路径依赖”概念来描述过去的绩效对现在和未来的巨大影响力。

制度变迁路径的影响因素：诺思说：“有两种力量会规范制度变迁的路线：一种是收益递增，另一种是由显著的交易费用所确定的不完全市场。”所以，一方面是偶然性因素和上述两种力量决定了制度选择和变迁路径存在多样性；另一方面则是由于交易费用的存在使大量非绩效的制度变迁陷入闭锁状态而长期存在。

路径依赖类似于物理学中的“惯性”，一旦进入某一路径就可能对这一路径产生依赖。他指出，一国的经济发展一旦走上某一轨道，它的既定方向会在往后的发展中得到强化，所以人们过去的选择决定着他们现在可能的选择。制度给人们带来的规模收益决定了制度变迁的方向，并最终使得制度变迁可能呈现出两种截然相反的轨迹：当收益递增普遍发生时，制度变迁不仅得到巩固和支持，而且能在此基础上一环紧扣一环，沿着良性循环轨迹发展；当收益递增不能普遍发生时，制度变迁就朝着非绩效方向发展，而且愈陷愈深，最终“锁定”在某种无效率状态。人们一旦选择了某个制度，就好比走上了一条不归之路，惯性的力量会使这一制度不断“自我强化，让你轻易走不出去”。沿着既有的路径，经济和政治制度的变迁可能进入良性循环的轨道并迅速优化，称之为诺思路径依赖 I；顺着原来的错误路径往下滑，称之为诺思路径依赖 II。

产生制度变迁的路径依赖性质的原因分析：这是由于自我增强机制在起作用。自我增强机制包括四个方面：①规模效应。设计和推行一项制度必须投入大量的初始资本，而随着这项制度的推广，单位成本和追加成本都会下降。②学习效应。在这样一个制度框架中，适合于这一制度框架的组织会逐步建立，并在历史的进程中积累经验。其结果是各种组织必将利用该制度框架下所提供的各种机会，同时反过来强化了制度本身。不过这绝不意味着制度本身的强化一定会导致经济绩效的增加。也许会导致经济效率的降低。③协作效应。在既定的制度框架下组织与组织之间会产生显著的协作效应，使人们习惯于既定的制度框架，例如在计划经济体制下，整个社会都习惯于上下隶属式的协作关系。④适应性预期。因为随着某一制度框架的确立和居于支配地位，必将会诱致人们产生出对于该规则的永久性预期。当人们预期到这一制度将延续，预期到他人将会按照这一制度规则行事时，自己就会首先按照这一规则行事，其结果必然是强化了制度自身。这一切加在一起就使得制度变迁具有明显的报酬递增和路径依赖的特征。

制度变迁中的自我维系机制可能会导致如下结果：①多种均衡。即可能存在许多解而结果又不确定。②可能的非效率。一些高效率的制度可能因为一些历史原因而未被采纳从而替代一些非效率的制度。③锁定。一旦一个社会被锁入一个均衡点，就很难从中摆脱出来。④路径依赖。即一些小的事件或随机环境的结果而决定某一些特定的解，而这些特定的解一旦形成，就导致一种特定的制度变迁路径。

制度变迁中的路径依赖其运行机理：可以概括为给定条件、启动机制、形成状态、退出闭锁等四大表现或过程。

（1）“给定条件”指随机偶然事件的发生，即启动并决定路径选择的外部偶然性事件发生，如偶然性战争爆发。

（2）“启动机制”指系统中的正反馈机制随给定条件的成立而启动。通常的表现是：投资一大笔初始设置成本建立一项制度；适应制度而产生的组织抓住制度框架提供的获利机会，相互学习，产生学习效应；通过组织间的相互缔结契约，以及互利性组织的产生与对制度的进一步投资，实现协调效应，并因一项正式规则的产生而导致其他相关正式规则乃至一系列非正式规则的产生，以补充和协调这项正式规则发挥作用；随着以特定制度为基础的契约的普遍履行，适应性预期产生，使这项制度持续不下去的不确定性因素随之减少。

（3）“形成状态”指正反馈机制的运行使系统出现某种状态或结果。通常出现的结果就是如前所述的多重均衡、锁定、可能非效率和路径依赖等。

（4）“退出锁定”是指通过政府干预和一致行动，实现路径替代。

路径依赖的特性可能会导致低效制度均衡的长期存在。因为即使均衡是低效甚或无效的，但是放弃它的成本却非常高昂，从而使得低效制度均衡长期存留于许多发展中国家而无法产生帕累托最优的制度变迁。

四、学习与制度变迁

1. 学习机制

人类从野蛮、愚昧、落后走向文明、进步就是不断学习的结果。学习需要形成一个用以解释所感知到各式各样的信号结构。这个结构包括最初的外在的、天生的信号结构和后来的个人经验。

经验可以分成两类：一类是个人从周围的物质环境中得来的，一类来自于社会文化语言环境。该结构由不同的类别组成；这些从幼年逐渐演变而来的类别建构了我们的感觉，并使我们具有保持分析性结果和经验的记忆。在这些类别之上，我们形成了思维模式以解释周围的环境。这些类别和思维模式都将不断演变，反映了新经验的反馈：有时是初始分类和模式的加强，有时则导致了修正——这个过程就是“学习”。因此，思维模式应通过新经验不断提炼，新经验包含了与他人思想的交流。

为什么个人行动者和组织会对制度变迁有要求，诺思认为，制度变迁的动力取决于两因素，即学习与竞争。他说，制度变迁的最基本的长期源泉是个人和组织活动家的学习。但是学习又会受竞争的影响，反映竞争的激烈程度。他认为，经济变化的速度是学习率的函数，虽然无聊和好奇心会导致学习，但学习率会反映组织间竞争的激烈程度。因为竞争反映了无所不在的稀缺，它使组织为了生存而去学习，相反，如果垄断力的程度越高，学习的动机越低。

2. 学习机制对制度及其制度变迁的影响

（1）经济及其制度变迁的速度是学习速度的函数，但变迁的方向却取决于获取不同知识的预期回报率。学习是一个积累的被决定预期回报率的社会文化所筛选的过程，但过去所积累的经验并不一定能解决新的问题。停滞的社会包含的信仰体系和制度不能面对和解决新的复杂的社会问题。学习也是一个选择的过程，选择的基本标准就是预期回报率。历史上许多制度都是人们在学习过程中形成的。作为个体，组织成员每天不断进行选择。结果经济制度的变迁是无所不在的、随时发生的。不同民族、国家及其地区发展的差异确实与学习有关。任何一代人的学习都是来源于当时所处的得自于集体学习的经验氛围中。

（2）经验和学习的差异是形成不同社会和文明的重要原因。其实社会和文明的发展也遵循着“物竞天择、适者生存”的原则。

（3）现存知识存量的变化会对制度变迁的时间因素起着重大的影响。如果知识存量增长了，制度变迁相对会提前；如果知识存量减少了（或停止增长了），那么制度变迁就会延迟。既然在“边干边学”（Learning by doing）过程中人们有关收益和成本的知识存量会发生变化，那么，制度变迁的收益和成本相应地在时间维度上也可能发生变化。

3. 学习与制度变迁关系小结

（1）“破解”制度变迁的奥秘确实要从人类学习过程开始。人类从过去的野蛮走向今天的文明确实是经过漫长学习过程的结果。许多规则、习惯及其制度都是学习的结果。学习与制度实际上是相互联系、相互促进的一种关系。制度、规则是人们不断地“试错”、学习的结果；反过来，有效的制度又鼓励人们不断学习。没有学习及其知识存量的积累，就不可能有制度的变迁和创新。

（2）学习对于制度变迁是十分重要的。共同的文化遗产为减少一个社会中人们思想模型的差异提供了一种方法，并且构成了各国统一看法的工具。文化学习提供了一种内在交流的工具，它还以宗教、神话和教条的形式为社会成员直接经验之处的现象提供了共同的解释。

第四节　制度变迁模型比较

本节要点：从变迁的层次、规模、主体与速度等方面分类制度变迁的模型，并比较各模型的优劣，进行制度变迁的相机组合。

一、制度变迁模型分类

（一）制度变迁的层次：基础性制度安排与次级制度安排

1. 基础性制度安排

（1）定义：基础性制度安排（foundament institutional arrangement）是指一系列用来建立生产、交换与分配基础的政治、社会和法律基础规则。例如，支配选举、产权和合约权利的规则就是构成经济环境的基本规则。基础性制度安排也可称之为制度环境，是一国的基本制度规定。它决定、影响其他的制度安排。在这里，宪法和法律结构又是至关重要的。

（2）基础性制度安排的两种方式：一是英国的普通法思想，即司法独立，也就是当法律一旦被议会通过，就应不受政治干预地由司法机构独立执行。二是美国式的政府间相互制衡思想，即法院有权力来评估与宪法不符的立法者的决策和法律，美国的法院可在多方面干预立法选择。

一般而言，司法独立的宪制与高度的政治和经济自由相关，而权力制衡宪制与高度政治自由相关，但却对经济自由有较大限制。

2. 次级制度安排

（1）定义：次级制度安排是指在一定的制度环境下的支配经济单位之间，可能合作与竞争的方式的一种制度安排。这里的制度安排也可称之为“第二级制度安排（secondary institutional arrangement）”。

（2）次级制度安排与基础性制度安排大的关系：次级制度安排一般在制度环境的框架里进行。制度安排可能包括单个人，一批自愿合作在一起的人，或政府。一般说，制度环境决定着次级制度安排的性质、范围、进程等，但是制度安排也反作用于制度环境。

制度环境当然是可以改变的，但与其他制度安排相比，制度环境的变迁要相对缓慢得多（革命引起的制度环境的改变除外）。从制度的层次来看，制度变迁中制度环境与制度安排的矛盾可能表现为两种情况，一是制度环境的变迁滞后于制度安排；二是制度安排滞后于制度环境的变化。

3. 制度安排的评判标准

一项新制度安排的评价标准有两个，即帕累托改进和卡尔多—希克斯改进。帕累托标准是指制度安排为其覆盖下的人们提供利益时，没有一个人因此会受到损失；卡尔多—希克斯标准是指，尽管新制度安排损害了其覆盖下的一部分人的利益，但另一部分人因此而获得的收益大于受损人的损失，总体上还是合算的。

4. 对发展中国家制度变迁的分析

（1）发展中国家可能偏向于移植次级制度而不改变基础性制度。第一，因为，宪政规则的改变对一个国家的经济社会影响是全方位的，且宪政规则改变对经济绩效的长期效应和短期影响并不总是一致的（例证教材 P176）。这成为发展中国家愿意移植次级制度而不愿意改变宪政规则的重要原因之一。第二，交易费用的差别。与基础性制度安排相伴随的变革费用要大大超过以契约形式为代表的与第二级制度安排相伴随的费用。因而在一个渐进性的历史变革过程中，在基础性制度变迁之前，很有可能发生的是第二级的制度变迁。“这种背离、修改或者绕开现存基础性制度安排的变化会不断地产生压力，从而引致对基础性制度安排进行更根本性的修改”（诺思）。

（2）莱索托认为，资本主义在很多发展中国家没能成功的原因并不是因为没有启动资本，而是因为没有能够长期促进和保障资本积累的法律制度环境。换言之，不是因为没有钱，而是因为没有促进和保障钱生钱的制度。制度就是一国各方面的（包括政治和经济）行为规则，这种规则的形成根源于一国的历史、文化、社会的价值观及意识形态等因素。

（3）两个层次的变迁不相匹配。一些发展中国家可能在宪政制度上移植了发达国家的宪政，但是与之相适应的制度安排，或者经济基础并不配套，这也会产生基础性制度与次级制度安排的矛盾。在许多国家，政治制度存在着系统性差异，而制度移植是理解其差异的关键。因为建立与宪政制度相适应的制度体系不是在短期内能完成的，这需要时间和成本。在这种宪政格局下，一些发展中国家可能在宪政上改变了，但与此适应的制度安排还严重滞后，也可能导致制度移植的低效。

（二）从制度变迁的规模来考察：整体制度变迁和局部制度变迁

整体制度变迁是一个国家或者一个地区制度体系的改革，这种制度变迁涉及几乎所有的制度，这又可称之为宏观制度变迁。在宏观制度变迁的背景下，各种制度变迁交叉推进。与整体制度相对应的制度均衡可以称之为一般制度均衡。

局部制度变迁是同一轨迹的单个制度变迁，如粮食流通制度变迁、土地制度变迁、社会保障制度变迁等。与局部制度相对应的制度均衡称之为局部制度均衡。当然，这种变迁也可以与整体制度变迁同时进行，因为整体制度变迁就是由同一轨迹的单个制度变迁加总组成的。

（三）从制度变迁的主体来考察：需求诱致性制度变迁和强制性制度变迁

1. 需求诱致性制度变迁

定义：需求诱致性制度变迁是来自于地方政府和微观主体对潜在利润的追求，改革主体来自于基层，程序为自下而上，具有边际革命和增量调整性质。

特征：在改革成本的分摊上向后推移，在改革的顺序上，先易后难、先试点后推广、先经济体制改革后政治体制改革相结合和从外围向核心突破相结合，改革的路径是渐进的。

优点：①具有坚实的组织保障机制，具有自动的稳定功能。改革震动效应在预期内，具有内在的优化演进机制和广泛的决策修正机制，降低了决策失误率。

②激励机制持久起作用，保证源源不断的改革动力。改革收益外溢性和改革主体的受益性，保证了改革的不可逆性。

缺陷：①改革难以彻底，核心制度难以突破。或者强制性制度供给长期滞后，制度需求缺口大。②改革时间较长，改革成本较大且有向后累积的趋势；改革主体可能会出现逐步位移。③这种改革还可能导致“双轨制”长期存在，加大了政府和官员的“寻租”空间。

2. 强制性制度变迁

定义：强制性制度变迁是国家在追求租金最大化和产出最大化目标下，通过政策法令实施的，它是以政府为制度变迁的主体，程序是自上而下的激进性质的存量革命。

类型：①从制度变迁的主体来看，可以分为两种，即中央政府为主体的制度变迁和地方政府为主体的制度变迁。②从对制度需求的回应来看，也可分为两种，即需求回应性的强制性制度变迁和没有需求的强制性制度变迁。③从制度变迁的暴力性质来看，有暴力性质的强制性制度变迁和非暴力性质的强制性制度变迁，前者称之为自下而上的暴力革命，后者称之为自上而下的改革。

（四）从制度变迁的速度来考察：激进式和渐进式

1. 激进式

定义：激进式的制度变迁是以终极预期目标为参照系数，采取迅速而果断的行动，一步到位安排预期制度的方式，“破”与“立”同时进行，也就是在新制度安排的同时，否认现存的组织结构和信息存量。

内容：萨克斯“休克疗法”。简单地讲，“休克疗法”（或激进式改革）是由三部分组成的：稳定宏观经济、经济自由化和私有化。三者之间，稳定宏观经济是必要条件，私有化是基础，而经济自由化是核心三者构成一个完整的体系，追求在尽量短的时间内三者同时实现。

优点：①减少不必要的争论；②减少变迁成本向后累积的风险；③急需的核心能够较快安排到位。

缺陷：①现存的组织结构和信息存量的破坏，人们无法形成稳定的预期，从而增大改革的组织成本和信息成本；②改革具有不可逆性，无法对不适应实际的制度进行必要的修正和调整；③如果是整体制度变迁，一旦把握不好，可能会出现政权易位。

2. 渐进式

定义：渐进式的制度变迁是假定每个人、每个组织的信息和知识存量都是极其有限的，不可能预先设计好终极制度的模型，只能采取需求累增与阶段性突破的方式，逐步推动制度升级并向终极制度靠拢。

特征：①渐进式改革是先试点后推广。②渐进式改革经常选择双轨制改革方案。③渐进式改革是一种自上而下的强制性制度变迁的过程。④渐进式改革是一种倾斜式改革。⑤渐进式改革是一种增量改革、边际改革，也就是在保留、改革旧体制的同时，不断地引入新体制因素。

3. 两者区别

（1）改革的内容上的差别。其差别主要表现在所有制改革和经济自由化上。在这些不同点上，最本质的差别是在所有制的改革的方向或取向上不一样。

（2）改革的哲学和理论基础的差别。激进式改革者认为，“跨跃深渊时不可能用两步”。而渐进式改革者认为，“摸着石头过河”。这两种改革方式最主要的差别主要体现在意识形态和理论基础上。激进式改革的意识形态取向就是资本主义，其经济学的理论基础就是在西方占主流地位的新古典经济学。而渐进式改革的意识形态取向就是社会主义，其经济学理论基础是马克思主义经济学，不过在其改革过程中又有选择地吸收了一些经济学流派的观点，如新制度经济学、产权经济学及公共选择学派的观点和方法。

（3）改革的过程不同。这两种改革方式在改革的顺序、改革中的“破”与“立”、改革的可逆性、改革的速度、改革中的试验、改革的设计及改革中经济的“二元”性上都存在差异（默雷尔，1992）。

（五）制度变迁的相机组合的模式

组合一：强制性制度创新方式＋激进方式的变迁模式，简称激进式强制性制度变迁组合模式。这种模式是一种“暴风骤雨”式的变革方式，在实践中也称为“休克疗法”。

主要特点：是以政府为主导，政府是制度变迁的主体，变迁程序是自上而下的，变迁时间较短，可以在比较短的时间实现制度结构的大变革。

优点：①制度安排的速度快，可以保证看准了的制度迅速安排好并有效地发挥作用，从而节省变迁时间，减少制度“阵痛”时间；②减少利益集团制度寻租的机会，节约制度实施成本；③变迁的力度大，核心制度易于被摧毁而让位于新制度。

缺点：①有很大的破坏性，可以引起社会大的震荡，一旦安排的制度缺少制度需求，也不符合制度变迁的方向，则会使制度跌入供给陷阱，即前一种制度的法理基础被破坏，而安排的新制度却因制度环境不成熟和制度执行者经验不足等原因而难以有效发挥作用，制度变迁风险大，稍不注意就可能会出现政权易位。②制度变迁具有不可逆性，缺乏弹性的修正的合理时滞。③切断了原有制度的联系，损失了信息存量。

组合二：强制性制度创新方式+渐进方式的模式，简称渐进式强制性制度变迁组合模式。

特征：这种制度变迁的组合模式是指在一段较长的制度体系变革中，从整体上来讲，占主导地位的制度变迁方式是以政府为主的强制性制度变迁，但是有渐进因素：①在单一制度的变迁轨迹上又具有一定的渐进性质；②核心制度和配套制度安排上有先有后，而且还有一定的时滞；③注意交替使用强制性制度供给满足制度累增的需要。

优点：这种制度变迁组合模式较之模式一相对比较温和，有些制度也给制度需求主体一定的内生需求时间和空间，制度安排有一定的调整余地，避免制度震荡和破坏性，制度作用对象也有一定的时间来适应，可以减少制度作用对象对新制度的抵制，制度安排的摩擦成本较组合一要低。

缺点：①利益集团寻租的可能增强和各种“搭便车”的现象不可避免；②可能会出现制度变迁的强度不够的现象；③制度的内生诱导仍然不够。在这种制度变迁模式下关键要处理好两个问题，一方面是制度变迁的强度，另一方面是要及时根据制度需求的累积情况，安排好强制性供给的时机。我国改革开放以来的国有企业制度变迁就属于这种模式。

组合三：需求诱导性制度创新方式+激进方式的组合模式，简称激进式需求诱导性制度变迁组合模式。

特征：在整体看，采取的是需求诱导性制度变迁方式，但是在单个制度的安排有激进性质体现。这些单个制度主要是核心制度，在核心制度采取激进的方式安排后，制度体系的其他配套制度就采取诱导性制度来逐步完善。

优点：①因为有充足的内生需求，制度安排一般符合社会发展规律的要求，制度实施的阻力小，实施成本低；②制度安排成功的概率相当高；③制度供给较及时，可以较大地缩小制度供需缺口；④制度安排的可逆性大，便于制度修正和调整，是一种较为理想的制度变迁组合模式。

缺点：①这种类型导致核心制度更替脱节，反过来又加大制度供需缺口，使制度跌入供给陷阱；②制度变迁的时间较长；③制度变迁成本向后累积推移，从而使矛盾和问题积累起来。这种制度变迁的组合模式关键也是要处理好制度强度问题，要保证核心制度按时出台。我国1978年以来的农业制度变迁正是这种模式。

组合四：需求诱致性制度变迁+渐进方式的组合模式，简称渐进式需求诱致性制度变迁组合模式。

特征：这种制度变迁的组合模式就是以市场微观主体为制度变迁的主体，通过微观主体的内生制度需求，来渐进地、缓慢地推动制度变迁。

优点：①社会震荡小；②制度内生需求充分，能够较准确地把握制度变迁的方向；③制度安排成功概率高。

缺点：①变迁时间长，“搭便车”的多，利益集团的寻租多；②变迁强度不够，不能很好地把握制度变迁的好时机；③制度供需缺口大，制度跌入供给陷阱的概率极高；④制度变迁成本高，而且越往后成本越高。我国在1978年在家庭联产承包责任制确定以后的农业制度变迁属于此种类型。

（六）制度变迁模式选择应注意的问题

（1）因地制宜用好组合模式。制度变迁不能生搬硬套，一定要结合本地的实际，充分考虑制度需求状况、制度初始条件、预期制度与制度环境的兼容性。一般而言，对于整体性制度变迁最好不要使用激进式强制性制度变迁组合模式，也就是说激进式的强制性制度变迁最好只用于局部制度变迁。其他的既可适用于整体制度变迁，也适用于局部制度变迁。

（2）把握模式的转换时机。这就要求选准强制性制度出台的时机，尽量避免超前出现，但是也要尽可能地缩短制度供给滞后的时滞，避免使制度供给跌入陷阱（即核心制度供给滞后，其他配套制度供给边际为零甚至为负的状态）。因此，把握制度转换的时机是降低制度变迁成本，提高制度效益的关键。

（3）各种组合模式互补搭配。由于制度创新方式和制度演进方式在变迁中力度有强有弱、速度有快有慢，必须充分考虑两者的优势和劣势，尽量形成互补优势，如果万一不能形成互补的态势，也要取其函数的极值。

（4）把握好制度变迁的强度。对于强制性制度变迁而言，强度过大，变迁成本太高，可能会引起微观主体的不满。强度不足，增加双轨体制运行的时间和摩擦成本，直到跌入制度供给陷阱。诱致性制度变迁的强度主要是在诱导需求达到极点后，决策者安排新制度的强度要适宜，不能因为是诱致性制度变迁就拒绝使用一定的行政力量。

（5）把握好制度变迁的时间长度。激进式强制性制度变迁时间不能太长，其限度是以预期制度安排到位为准，长了不便于检验制度的正确性，也不便于对制度进行动态修正。

（6）要考虑制度需求累增效应，及时推动制度升级和完善。这要把握两个方面：一是各种模式都要尽量培养内生诱导性制度需求；二是要把握好制度累积的临界点，达到临界点后，要及时调整制度变迁模式。

二、诱致性制度变迁与强制性制度变迁及其比较

（一）诱致性制度变迁的分析

诱致性制度变迁指的是现行制度安排的变更或替代，或者是新制度安排的创造，它由个人或一群（个）人，在响应获利机会时自发倡导、组织和实行。诱致性制度变迁必须由某种在原有制度安排下无法得到的获利机会引起。

1. 诱致性制度变迁的特点

（1）改革主体来自基层。以基层的各种行为人为变迁主体，这些行为人是新制度的需求者，也是制度安排的推动者和创新者。

（2）程序为自下而上。即基层政府通过行为人或者企业对制度需求的分析，发现或者认识到这种制度的利润可观，就推动或者影响上级政府，上级政府也以同样的方式影响它的上级政府，直至决策者安排好制度。

（3）具有边际革命和增量调整性质。是在保留核心制度的前提下增加新的制度，或者对外围制度进行部分的调整，是一种典型的边际革命和增量调整式的改革。并且使增量革命与边际创新相互影响，彼此联动，持续扩展新体制、新制度、新机制的覆盖空间。

（4）在改革成本的分摊上向后推移。诱致性制度变迁在改革成本的分摊上采取向后推移的方式，尤其在改革的初始阶段，那些影响较大会迅速产生巨大私有成本及减少私人净收益的改革措施，要么被化整为零，通过分步实施来向未来分摊巨额成本，要么向后推移，推迟到以后阶段，等到实施的阻力已显著下降，或者大多数社会成员的累积改革收益远远超过这些成本为止，再来分摊。

（5）在改革的顺序上，先易后难、先试点后推广和从外围向核心突破相结合。一是先解决较容易的制度，再向核心制度突破，由易到难，逐步推进。二是在具体的制度上，一般都采用先试点、摸索积累经验，再在大面上推广。

（6）改革的路径是渐进的。诱致性制度变迁最显著的特点就是采取的是非暴力的、非突发式的，而是一种需求试探性质的，以基层行为人或者企业对制度的需求来慢慢诱导制度的出台。在制度结构的安排上，也不是所有的制度全部安排好，而是根据制度的需求和决策的安排，逐步地推行，以避免社会产生巨大的震荡。

2. 诱致性制度变迁的优点

（1）具有坚实的组织保障机制，改革的速度和路径有可控性。依托既有经济组织推进改革，能够最大限度减少改革的摩擦阻力，降低制度创新的风险，低成本地利用传统组织资源，可以有效地控制改革的速度，把握改革的方向。

（2）具有自动的稳定功能，改革震动效应在预期内。由于改革决策者的稳定、改革队伍和改革主体的稳定，即使是试错式的改革，也足以把改革的负效应充分估计到，改革的损失能够有比较充分的准备。不至于因改革而影响社会稳定，也不至于因改革措施的出台而使改革局面失控。

（3）具有内在的优化演进机制和广泛的决策修正机制，降低了决策失误率。诱致性制度变迁其改革主体来自基层，基层创新主体看到了潜在的利润从而产生了对制度的内在需要，正是这种逐利的驱动机制推动各种制度逐步成熟和完善。而且这种内在优化演进的动态弹性机制具有很强的兼容性、开放性和现实性。

（4）激励机制持久起作用，保证源源不断的改革动力。由于变迁是以基层为创新主体，基层各阶层获得了先发性收益，这就进一步刺激了对特定改革措施集合的需求，产生了普遍的谋求改革行为和普遍的改革“饥渴症”现象。

（5）改革收益外溢性和改革主体的受益性，保证了改革的不可逆性。即创新主体从新制度安排中得到的好处大于创新主体回到旧制度的冲动。

3. 诱致性制度变迁的缺陷

（1）改革难以彻底，核心制度难以突破，或者强制性制度供给长期滞后，制度需求缺口大。一是改革主体来自基层，变迁力量弱，无法突破核心制度。二是基层的行为人或者企业作为改革的主体，在基本的制度需求解决后，其动力就会减弱，从改革的主体地位上退下来，从而使创新缺少主体。三是程序为自下而上，无法获得强制性制度安排。四是边际革命和增量调整的改革策略本身就隐含了核心制度的稳定。五是渐进改革的路径决定了必然会有一部分制度供给滞后。在制度供给上也是先一般制度，后核心制度，而这些滞后的核心制度仅依靠需求诱致性制度变迁是不可能从根本上解决制度需求问题的。

（2）改革时间较长。一是因为渐进式改革决定了改革不可能一步到位，需要一个很长的过程。二是需求诱致性制度改革表明制度的供给是在有需求时就会有制度供给，这种制度供给比较被动，而且需求与供给之间有一个很长的时滞期。三是试错式、边干边学式的改革决定了许多制度的安排要经过多次试用，各种制度要经过反复“博弈”，才可能找到比较正确的制度安排，这也是一个相当耗时间的改革方式。四是自下而上与自上而下相结合的改革方式决定了下层的改革要得到上层的认可需要一段较长的时间。

（3）改革成本较大，且有向后累积的趋势。一是试错式的损失成本大。二是渐进式的改革时间长，即使改革路径符合“帕累托改进”，但是时间消耗本身就是巨大的成本。三是改革是成本向后推移，越到后期，付出的成本就会越高。而且一旦成本分摊不当就可能导致改革功亏一篑。

（4）改革主体可能会出现逐步位移。当初始的改革主体利益得到满足后，就有可能从改革主体的位置上退下来，从而导致改革主体缺位。在改革主体缺位时各种利益集团会利用这种主体缺位的机会来促使制度安排向自己有利的方向倾斜，或者干脆越俎代庖，自己进行制度安排，从而使改革主体逐步位移。

（5）导致“双轨制”长期并存，加大了政府和官员的“寻租”空间。由于政府和官员是制度安排者，决定改革安排的时机、制度变革的强度、制度实施的范围，一是不可避免会出现制度上的“搭便车”行为，出台于己有利的制度或者向自己、自己的利益集团倾斜的制度。二是拖延新制度出台的时间。三是利用制度安排的机会，获取各个利益集团的好处，以制度安排来“寻租”。

（二）强制性制度变迁分析

强制性制度变迁由政府命令和法律引入和实现。强制性制度变迁可以纯粹因在不同选民集团之间对现有收入进行再分配而发生。

强制性制度变迁的主体是国家或政府。国家的基本功能是提供法律和秩序，并保护产权以换取税收。根据新制度经济学的分析，国家在使用强制力时有很大的规模经济。作为垄断者，国家可以比竞争性组织（如初级行动团体）以低得多的费用提供一定的制度性服务。国家在制度供给上除了规模经济这一优势外，在制度实施及其组织成本方面也有优势。例如，凭借强制力，国家在制度变迁中可以降低组织成本和实施成本。

1. 为什么需要国家推进强制性制度变迁？

（1）制度供给是国家的基本功能之一。统治者至少要维持一套规则来减少统治国家的交易费用。这些规则包括统一度量衡、维持社会稳定、安全的一系列规则。统治者的权力、威望和财富，最终取决于国家的财富，因此统治者也会提供一套旨在促进生产和贸易的产权和一套执行合约的执行程序。

（2）制度安排是一种公共品，而公共品一般是由国家“生产”的。按照经济学的分析，政府生产公共品比私人生产公共品更有效，在制度这个公共品上更是如此。

（3）弥补制度供给不足。如前所述，诱致性制度变迁会碰到外部效果和“搭便车”问题。由此使制度安排创新的密度和频率少于作为整体的社会最佳量，即制度供给不足。在这种情况下，强制性的制度变迁就会代替诱致性制度变迁。因为政府可以凭借其强制力、意识形态等优势减少或扼制“搭便车”现象，从而降低制度变迁的成本。

2. 强制性制度变迁的类型

（1）从制度变迁的主体来看，可以分为两种，即以中央政府为主体的制度变迁和以地方政府为主体的制度变迁。

中央政府主导的强制性制度变迁是中央政府为了追求租金最大化和产出最大化而主动安排的制度供给。这是一种典型的强制性制度变迁方式，制度变迁的主体是中央政府。这种制度变迁方式适合于对整体性制度的安排和对障碍比较大的旧制度的变更。

地方政府主导的强制性制度变迁是地方政府为了在地方竞争中占据优势、获取地方租金和产出最大化而进行的制度安排。这又称为中间扩散性强制性制度变迁，其主体是具有较大主动性的地方政府，或者是中央授权的地方政府，根据本地的实际，优先进行制度安排。这种制度变迁方式适合于需要进行试点的制度安排或者需要地方政府提供经验积累的制度创新。

（2）从对制度需求的回应来看，也可分为两种，即需求回应性的强制性制度变迁和没有需求的强制性制度变迁。

需求回应性的强制性制度变迁是先有制度的需求，然后决策者根据实际适时地、主动地推进制度变迁，以满足制度的需求，解决制度缺口。其最终目的一方面是为了获取最大化租金和产出，另一方面也是迫于基层行为人、企业和下级政府的压力，这是一种典型的制度“博弈均衡”。这种制度变迁方式适合于以需求诱致性制度变迁为基点的变迁，这种制度变迁效率比较高，风险较低，能够安排出比较符合实际需要的制度安排。

没有需求的强制性制度变迁是决策者的一种主动性的、前瞻性的制度安排，它不是根据制度的需求来安排的，而是决策者根据自己的经验或者其他的制度模式来进行的强制性制度安排。其目的只有一个，就是为了获取最大化租金和产出。这种制度安排适合于对传统制度的最大限度矫正或者是新制度完全取代旧制度的制度安排。这种制度安排风险比较大，缺陷也较多，需要不断地修正。

（3）从制度变迁的暴力性质来看，有暴力性质的强制性制度变迁和非暴力性质的强制性制度变迁。

非暴力性质的强制性制度变迁就是以政府为主体的主动性的制度安排。政府掌握制度变迁的主动权，制度作用的对象只能被动地接受，没有选择与被选择的权力。

暴力性质的强制性制度变迁是以基层行为人的暴动或者反对集团政变方式来进行制度变迁，其前提是暴力推翻现存的制度安排。这种制度变迁方式是一种暴力革命。

3. 强制性制度变迁的特点

（1）政府为制度变迁的主体。

（2）程序是自上而下的。

（3）激进性质。

（4）具有存量革命性质。

4. 强制性制度变迁的优点

（1）推动力度大。

（2）制度出台的时间短。

（3）能够保证制度安排较好地运行。

（4）对旧制度的更替作用巨大。

5. 强制性制度变迁的缺陷

（1）低效性。因为制度供给是根据经验，而不是根据现实的需要，制度可能符合发展的需求，也有可能不符合发展的需要，低效性不可避免。它可能违背了一致性同意原则，在某种意义上讲一致性同意原则是经济效率的基础。某一制度尽管在强制运作，但它可能违背了一些人的利益，这些人可能并不按这些制度规范自己的行为，这类制度就很难有效率。

（2）“搭便车”行为不可避免。由于决策者或者影响决策的利益集团会利用制度供给的机会为自己牟取好处，而这时由于没有制度需求集团，因此，没有任何监督机制，也就是说制度要求供给者、安排者与今后制度作用对象存在严重的信息不对称。

（3）制度破坏性大。由于强制性制度约束性强，一旦不符合实际需要，便可能对社会的发展造成极大的破坏。正因为强制性制度供给存在这些问题，决策者一直比较谨慎，不能轻易采用。

（4）社会震荡大。因为强制性制度变迁是对既得利益集团各种利益的调整，而这种调整因变迁性质决定没有一定的缓冲时间，震荡是不可避免的。

（5）风险高。

（三）诱致性制度变迁与强制性制度变迁的比较

1. 两者相互补充

（1）当诱致性制度变迁满足不了社会对制度的需求的时候，由国家实施的强制性制度变迁就可以弥补制度供给不足。

（2）制度作为一种“公共品”也并不是无差异的，即制度是有层次性、差异性及其特殊性的。有些制度供给及其变迁只能由国家来实施；而另外一些制度及其变迁，由于适用范围是特定的，它就只能由相关的团体（或群体）来完成。这后一类的相互补充并不是由成本—收益比较原则决定的，而是由制度的差异性（类似于新古典经济学关于产品差异性的分析）决定的。这一点被新制度经济学家忽视了。

诱致性制度变迁与强制性制度变迁有许多共同点，如两者都是对制度不均衡的反应；两者都得遵循成本—收益比较的基本原则等。

2. 两种制度变迁模式差别

（1）制度变迁的主体不同。这两类制度变迁主体的差别并不是在数量上，而是体现在“质”（或性质）上。诱致性制度变迁主体集合的形成主要是依据共同的利益和经济原则，国家这个制度变迁主体进行制度变迁的诱因比竞争性组织（或团体）更复杂。

（2）两类制度变迁的优势不同。诱致性制度变迁主要是依据一致性同意原则和经济原则。如果它能克服外部效果和“搭便车”之类的问题，那么它在制度变迁中将是最有效率的形式之一。而强制性制度变迁的优势在于，它能以最短的时间和最快的速度推进制度变迁；它能以自己的强制力和“暴力潜能”等方面的优势降低制度变迁的成本。

（3）两类制度变迁面临的问题不同。如诱致性制度变迁作为一种自发性制度变迁过程，其面临的主要问题就是外部效果和“搭便车”问题。而强制性制度变迁却面临着统治者的有限理性、意识形态刚性、官僚政治、集团利益冲突和社会科学知识局限等问题的困扰。

三、制度变迁理论的总括性分析

1. 不同的制度变迁既是对立的，同时又是统一的

（1）之所以说是对立的，是因为制度变迁的方式不同，制度安排的内容就会不完全一样。强制性的制度安排是从社会整体利益，或是从集团统治者的利益作出的强制人们认同和执行的规则；诱致性的制度安排是人们对制度变迁的获利机会的预期看好，为获得这项利益而作出的，且能相互认同和自觉遵守的规则。显然一种强制执行的制度安排是不可能同一种在相互认同基础上自觉执行的制度安排一致的。

（2）不同的制度变迁方式又是统一的，是因为没有强制性的制度安排，诱致性的制度安排就很难产生和执行。例如产权制度以法律的形式作出的一些规定，而且是通过强制的形式实现的。有了产权制度安排之后，人们就可以根据个人的利益偏好，按照资源有效配置的原则，合理制定生产、交换和分配规则，实现他的利益最大化目标。这些资源有效配置原则，以及生产、交换和分配的规则就是人们对制度的获利机会的需求而诱致出来的制度安排。如果没有产权制度的强制性，一个人生产出来的东西他人可以无偿占有使用，他就不会想办法去优化配置资源，不会去积极生产，创造财富，增进社会福利，从而也就不会有个人或集体的诱致性制度变迁。所以强制性的制度变迁与诱致性的制度变迁在时间和空间上不可能是有你无我的完全对立的关系，而是一种相互依存、又相区别的两个方面。

2. 制度变迁方式之间的对立统一关系是由个人或集团之间的利益偏好与选择的对立统一关系决定的

这是因为：

（1）制度变迁是存在获利机会的。

（2）个人或集团有明显的利益偏好。这两种利益偏好有时是统一的，有时又是对立的。

（3）个人或集团的利益偏好是通过制度安排以及结局的结构来决定策略或选择的。显然，制度变迁的获利机会会诱致个人与集团作出有利于我而不是有利于他的制度安排。二者的利益偏好之间的矛盾就必然引起对立的而不是协调的制度安排。个人与集团利益偏好之间的矛盾是强制性制度变迁与诱致性制度变迁相互对立的原因的本质揭示。不过，个体毕竟是社会整体中的一员，整体利益有个体的一份；个体利益的协调就成为了整体利益。从这种意义上说，个人与集团的利益偏好虽然是对立的，但也有相互协调和相互统一的一面，集团的强制性制度变迁同个人的诱致性制度变迁从而也有同一的一面。

利益矛盾总是存在的，问题不在于采取服从的办法去解决，而应该通过完善制度来协调。

基本概念

制度创新　技术创新　制度变迁　制度需求　制度供给　制度均衡　路径依赖　诱致性制度变迁　强制性制度变迁

思考：

1. 制度有哪些方面的局限性？
2. 影响制度需求与供给的因素有哪些？
3. 路径依赖对制度变迁有什么影响？
4. 学习机制是如何影响制度及制度变迁的？
5. 试述制度创新的动力与过程。
6. 简要阐述制度变迁的周期。
7. 试析制度变迁的组合模式。
8. 试比较诱致性制度变迁与强制性制度变迁。

参阅文献

1. 舒尔茨:《制度与人的经济价值的不断提高》;戴维斯、诺思:《制度变迁理论:概念与原因》《制度创新的理论:描述、类推与说明》;拉坦:《诱致性制度变迁理论》;林毅夫:《关于制度变迁的经济学理论》均载于《财产权利与制度变迁》,上海三联书店 1994 年版。

2. 戴维 · 菲尼:《制度安排的需求与供给》,载于《制度分析与发展的反思》,商务印书馆 1992 年版。

3. 布罗姆利:《经济利益与经济制度》,上海三联书店 1996 年版,第 5 章。

4. 诺思:《经济史中的结构与变迁》,上海三联书店 1994 年版,第 2—5 章。

5. 诺思:《制度、制度变迁与经济绩效》,上海三联书店 1994 年版,第 9—11 章。

第六讲　新制度经济学的国家理论

国家是公民达成契约的结果，它要为公民服务，契约的达成是多重博弈的结果。契约限定着每个人相对他人的经济活动，因而它对经济增长来说是十分重要的。社会分工及协作受契约与交易费用的约束，契约的有效性制约着社会分工向纵深方面的发展。

内容提要：

（1）国家起源的基本概况；

（2）国家模型以及国家在经济增长的作用；

（3）经济制度变迁中的国家历史。

第一节　国家理论概述

本节要点：国家起源的契约理论、掠夺理论、暴力潜能理论；国家的保护职能、生产职能和产权的再分配职能；国家的核心职能。

一、国家的起源

（一）国家起源的契约理论

（1）国家是公民达成契约的结果，他要为公民服务。契约的达成是多重博弈的结果。契约限定着每个人相对他人的经济活动，因而它对经济增长来说是十分重要的。社会分工及协作受契约与交易费用的约束。契约的有效性制约着社会分工向纵深方面的发展。

（2）国家的存在有利于契约制度的建立和契约（合约）的实施。假设没有国家，那么契约实施的交易费用将相当高。过高的交易费用将使任何契约都失去了意义。契约方法可以解释为什么国家提供了一个经济地使用资源框架，从而促进福利的增加。然而，国家既作为每一个契约的第三者，又是强制力的最终来源，它成为为控制其决策权而争斗的战场。各方都希望能按有利于自己集团的方式再分配福利和收入。

（3）尽管契约理论解释了最初签订契约的得利，但未说明不同利益成员其后的最大化行为。

（二）国家起源的掠夺理论

（1）国家是某一集团或阶级的代理者，它的作用是代表该集团或阶级的利益向其他集团或阶级的成员榨取收入（如列宁将国家定义为是一个阶级压迫剥削另一个阶级的工具）。掠夺性的国家将界定一套产权，使权力集团的收益最大化而无视它对社会整体福利的影响。即这种产权制度对某一权力集团是有益的，但并不能促进整个社会效率的提高。从长期来看，这必然演变成无效率产权。

（2）掠夺论忽略了契约最初签订的得利而着眼于掌握国家控制权的人从其选民中榨取租金。

（三）国家的“暴力潜能”分配论

1. 新制度经济学认为国家带有“契约”和“掠夺”的双重属性

道格拉斯·C. 诺思提出了有关国家的“暴力潜能”分配论。若暴力潜能在公民之间进行平等分配，便产生契约性的国家；若这样的分配是不平等的，便产生了掠夺性（或剥削者）。

2. “暴力潜能”这个范畴具有丰富的内涵

它既包括军队、警察、监狱等暴力工具，也包括权威、特权、垄断权等“无形资产”。国家的“暴力潜能”类似于企业拥有资金、劳动力、技术等生产要素后所具备的“生产能力”。暴力实质上也是一种资源。在国家未产生以前，这些暴力资源都分布在“社区”或“庄园”之类组织的手里。显然，暴力资源的这种分散配置方式无疑是低效的。在这种情况下，产权保护的费用也就相当高了。这时的一个基本规则是，暴力潜能形成的边际成本等于产权保护的边际收益。

3. 国家在暴力方面有比较优势的组织

强制性的后盾是国家暴力。但是，国家暴力是对付暴力的暴力，即对付非法暴力的合法暴力，这种合法性起源于每个人捍卫自己利益、抵御别人侵害的合法权利。

国家暴力只有在能够实现某种社会合作，并且比其他制度（如市场和其他组织）更有效时，才被采用。国家暴力资源之所以能更有效的使用在于其能达到规模经济和防止“搭便车”问题。例如，在一个可能遭到进攻的社区中怎样建立防御体系的问题。

没有国家复杂的生产系统瘫痪，也不会有涉及长期交换关系的投资。在国家产生之前的社会，由个体相互制约形成的规则和习俗是对于经济行为者的最关键的社会约束。但是早期的制度结构根本不能用来支持非相关个体间复杂的交换关系，这种交换关系伴随着高度发达的专业化生产和大市场、先进的技术及时间密集型的生产形态。如果没有国家以及相应的制度和对产权的支撑组织，那么高交易成本将使复杂的生产系统瘫痪，也不会有涉及长期交换关系的投资。[（冰）思拉恩·埃格特森《新制度经济学》商务印书馆 1996 年，第 284 页。]

二、国家的职能

（一）保护性职能

（1）保护性职能的产生。内在制度与外在制度存在着区别（路德维格·拉赫曼，1973）：内在制度被定义为群体内随经验而演化的规则，而外在制度则被定义为外在地设计出来并靠政治行动由上面强加于社会的规则。外在制度总是隐含着某种自上而下的等级制，对违反外在制度的行为所施加的惩罚永远是正式的惩罚，并且往往要借助于运用暴力。

靠集体行为保护秩序和法治的做法可谓源远流长，其源头大概至少可上溯至永久定居的村庄、集镇和城市在某种领导体制下出现的时候。最初，第三方裁决者的角色可能被授予了受人尊敬并当有经验的长者，但后来出现了正式的、产生统治者的宪法性安排（Bensom，1995）。集体行动、政治权力和政府的概念也由此而产生：为了共同体利益，一些特定的行动应被付诸实施，特定的官员或官方组织获得了凌驾于普通公民和公民团体之上的权威和强制性权力。

（2）政府最突出的保护性职能是防止一些公民受另一些公民的强制。有人曾论证说，由政府接管保护性职能等于在所有公民之间达成一项（假设的）“解除武装条约”（Buchanan，1995）。如果我们处于无政府状态中，那将会代价极高（极高的排他成本和强制执行成本）。它们会抑制大量有利的劳动分工并阻碍繁荣。

在许多社会中，政府都已获得了运用暴力的合法垄断权，例如依靠警察、法庭和监狱系统。因而，保护和支持社会的制度是政府的主要职能之一。国家或政府的保护性职能增进着秩序，并使个人、私人厂商和民间团体在面对无数的协调变得较为容易而建立起他们的信心（“秩序政策”）。在现代国家里，要求政府在行使其保护性职能时予以强制执行的许多规则都被正式地制定在刑法和民法之中。另外，政府的保护还指防止外部威胁，即抵御外来强制，保护公民们眼前的和将来的自由（安全）。

（3）政府保护性职能也是有局限性的。在政府的保护性职能中，有相当一部分是通过政府管制来实现的，管制就其终极目的而言，是制度服务于公民。这类管制的激增造成了交易成本，并削弱着竞争市场的协调控制功能。因此，对这类管制实施中的每一项，都必须根据其可能给整个制度系统带来的成本和收益来加以评估。

在政府的保护性职能中存在一种倾向，即喜好强调安全，而不惜牺牲对竞争系统协调能力和控制能力的培育，并因而牺牲繁荣（如我国的维稳）。对每一项管制措施，我们都要权衡与长期社会成本相对应的长期社会效益。

（二）国家生产性职能

1. 国家的生产性职能是指国家或政府为公民们提供某些公共物品

为什么公共品由国家提供？

（1）由政府供给具有显著的正外部效应。由于在预计经济活动具有大量不可分解性，且超过了个人和私人合伙者的筹资能力和组织能力的场合，或者在预计会存在很大规模经济的场合，统治者们常常自行承担工作设计、筹资和实施的职能；在像警察、军队以及法庭那样的专业队伍间展开竞争的成本过高，国家赋予政治机构较多的直接控制权，靠公共垄断来供给特定服务。

（2）为了财政收入的便利来源。政府往往要求对特定类型的采掘活动或贸易活动拥有排他性的私有权，国营生产还常常被当作政治上易行的推进再分配的途径（如中国）。出于以上理由，政府会选择用公共所有的财产来组织生产并为其提供资金。

2. 国家生产公共品的效率低

（1）阿莱西分析了公共部门和私人部门在可比物品和服务生产上的大量资料。他证明政治性企业的业绩的确比类似的私人生产者差（Alessi，1980）。在公共部门条件下，执行和监督相同任务的成本更高。事实证明，当缺少由真正的竞争市场所施加的无情约束时，行政控制的约束往往相对较弱，而代价却相当高。

（2）改革有可能缓解与国家的生产性职能相关的各种问题。例如，可以通过将社会化生产活动移交给相应竞争的低级别政府，使社会化财产转变为某种俱乐部品（Foldvary，1994）；或者，使社会化生产私有化，同时保证获取这些物品和服务的权利继续存留于公共领域之中。另外，可以改革会计系统，使之与运作最佳的私人企业看齐。激励和监督方面的现代管理技能可能有助于为纳税人获取效率红利。为了实现这一目的，必须让经理们的政治性老板为经理们制定出明确而可测度的产出目标，但在选择被用来生产该产出的方法和如何购买必要投入的方法上，经理们承担责任。只有在公共部门的经理们任期有限并按业绩取酬时，这样的责任体系才能起作用：这样的安排与传统的、具有终身任期的公共服务体制根本不同。

（3）在无法实行这类改革的地方，就应将物品和服务的生产从公共部门中剥离出来，并使之私有化，从而使其采用竞争性的私人企业的纪律。

（三）国家对产权的再分配职能

国家或政府的第三个职能是对收入和财富进行再分配，即没收某些人的产权并将它们再分配给另一些人。目的是实现“社会公正”（公平）。对产权的再分配可以用两种政策手段：

（1）运用政府的强制权力来征税和分派转移支付，以弱化甚至消除竞争博弈的后果。

以累进所得税制为例，它并不对所有的货币所得一视同仁，而要考虑财产所有者的收入流规模；转移可以由直接的现金支付方式构成，但也可以由转移真实资源的方式构成。这方面的例子是各种帮助特定群体积累物质资本或人力资本的手段以及关税保护。

（2）通过直接干预交易私人产权的竞争基础。通过影响财务资本、物质资本和人力资本的积累，通过干预缔约自由，改变市场的运行。第二类再分配手段的目的是在人们于市场中竞争性地运用其产权之前改变起始机会。

（3）分包公共服务可降低政府代理成本和税收成本。统治者及其行政助手为了履行其各种职能，必须耗费资源，这被称之为政府的代理成本。这部分成本必须得到弥补，通常是靠强制性征税。而征税和管理公共资金又会进一步引出各种代理成本。如果社会化财产能被转变为俱乐部品——将政府的任务移交给小型的自组织和自监督群体，或者能被私有化，而公共服务能被分包出去但靠公共资金来供给——使生产与供给相分离，那么政府的规模，以及与此相关的代理成本和税收成本，就都能缩小。这会使政府事务更加可行。因为那样的话，政府代理人能专注于对核心活动的计划、指导、监督和纠正。

（四）国家的核心职能

1. 米尔顿·弗里德曼的观点

米尔顿·弗里德曼在这方面给出了一个规范的回答（1962）：

（1）政府应维护法律和秩序，界定产权，充当我们修改产权和其他经济博弈规则的工具；

（2）裁决在解释规则上出现的争端，强制执行契约，促进竞争；

（3）提供一个货币框架，从事抵消技术垄断的活动，克服各种被公认为十分重要因而须对其实施政府干预的领域效应（neighbourhood effects）；

（4）政府还应在保护无责任能力者（病人或儿童）方面辅助私人慈善团体和普通家庭。

2. 新西兰前财政部长露丝·理查德森的观点

前新西兰财政部长露丝·理查德森也主张将政府的职能减少至核心职能。我们应当在许多领域中“撤销”（deinvent）政府。

（1）从根本上讲，国家只在保护法治方面有作用，还在确保收入充足上有最低限度的作用。对国家的资助必须限定在这样一个范围内……国家的作用是建立规则，充当确保公民得到高水平服务（get quality）的管家，它还要为未成年人或病人的选择提供资金。

（2）国家，作为企业经营者，已是一个破产者。政府不应当生产，因为它们不可能创造财富。它们只能保护一种氛围，使普通公民在其中能自由地评价什么东西是增进其财富的……管制必须是原则性的和少而精的。例如，政府只能在市场变得不可竞争的时候作为裁判员而存在。国家有一个合法的作用，即在垄断削弱竞争时吹哨子……

3. 政府的规模越来越大

随着时间的推移，政府的规模和政府主体所掌握的国家资源份额已显著上升。从历史上来看，在和平时期里，纯保护性国家的代理成本很小——占共同体收入的1/10，但是正如我们看到的那样，总的趋势是政府越来越大，这要归因于生产的补贴，以及最重要（可能是无限制的）再分配。在这一过程中，政府雇员的数量显著增加，因此也使政府的代理成本大幅度上升。政府部门的不断扩大常常是政府按其权限行动的一个目的，例如：当为了确保较多的就业而扩大政府时，或者，当代理人若雇用较多的下属就有望得到更好的提升时，就会出现这样的情形。

第二节　国家模型

本节要点：诺思国家模型的基本特征；国家的两个目标及三个重要推论；国家、产权与经济技术边界的关系；国家的组织形式及构成；国家的变迁。

把企业理论引入国家问题分析是新制度经济学关于国家理论的一个特色。统治者是一个在竞争与交易费用双重约束、追求统治者租金最大化和全社会总产出最大化的具有福利或效用最大化行为的经济人。

一、国家模型的基本特征

诺思构建的国家模型是建立在效用最大化的假设之上。在诺思那里，国家既是一个具有自身效用最大化的组织，也是一个实现社会效用最大化的机构。诺思的假设具有很强的经济人色彩。

诺思的国家模型具有三个基本特征：其一是，说明统治者与选民的交换过程，其他两个是说明确定交换要素的条件。

（1）国家为获取收入，以一组服务（保护与公正）作交换。换言之，国家为选民提供“保护”与“公正”，选民交纳税收维护国家正常运转，在某种程度上，这就是一种“交换关系”。

（2）国家试图像一个带有歧视性的垄断者那样活动。为使国家收入最大化，它将选民分为各个集团，并为每一个集团设计产权。在这里，国家实际上是一个“带有歧视性的垄断者”。

（3）由于总是存在着能提供同样服务的潜在竞争对手，国家受制于其选民的机会成本。它的对手是其他国家，以及在现存政治—经济单位中可能成为潜在统治者的个人。因而，统治者垄断权力的程度是各个不同选民集团替代度的函数。在这里，国家面临的外在竞争压力与开放程度相关，越是开放的国家，统治者所感觉到的竞争压力越大。

二、国家的目标

（一）国家的基本目标

国家提供的基本服务是提供和维持博弈的基本规则。国家最基本的目标有两个：

（1）界定形成产权结构的竞争与合作的基本规则（即在要素和产品市场上界定所有权结构），这能使统治者的租金最大化。

（2）在第一个目的框架中降低交易费用以使社会产出最大，从而使国家税收增加。

这第二个目的将导致一系列公共（或半公共）产品或服务供给，以便降低界定、谈判和实施作为经济交换基础的契约所引起的费用。与法律、公正和防卫的设计相关的规模经济是文明的基本源泉。在整个历史上，当人们需要在国家——但可能具有剥削性——与无政府之间作出选择时，人们均选择了前者。几乎任何一套规则都好于无规则。

（二）上述目标有三个重要的推论

综合起来看，上述两个目标并不完全一致。

（1）国家的双重目标存在持久冲突。第二个目标包含一套能使社会产出最大化而完全有效率的产权，而第一个目标是企图确立一套基本规则以保证统治者自己收入的最大化，或者，就是使统治者所代表的集团或阶级的垄断租金最大化。从历史上来看，在使统治者（和他的集团）的租金最大化的所有权结构与降低交易费用和促进经济增长的有效率体制之间，存在着持久的冲突（见图6－1）。

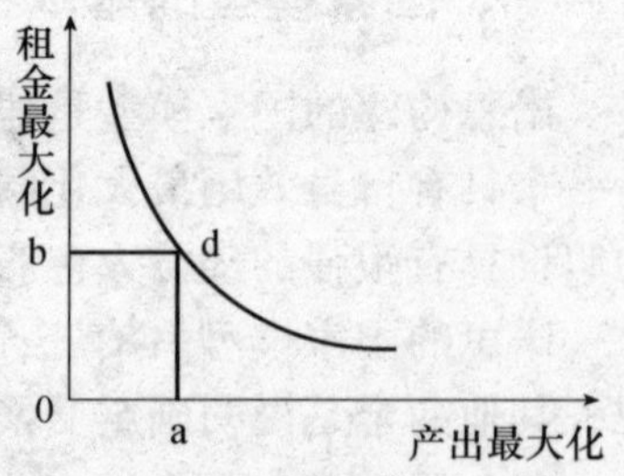

图6－1　国家的目标及其冲突

从图6－1可知，统治者可在光滑的曲线上

"寻找"到一个均衡点。是让0a>0b，还是让0a<0b，或者0a=0b，这并不完全是由统治者的偏好决定的，还取决于政治体制、社会经济发展水平、历史文化传统、外来的竞争压力等。如在经济全球化的背景下，外来的竞争压力迫使统治者不得不注重产出最大化。

（2）国家两个目标冲突的根源：在于有效率的产权制度的确立与统治者的利益最大化之间存在着冲突。建立有效率的产权可能并不有利于统治利益（租金）的最大化。政府可以通过重新界定产权结构影响社会的净财富量，也可以通过提供公共产品，比如规定度量标准从而降低交易费用来实现这一目标。新制度经济家认为这种在一定程度上由政府所控制的竞赛规则对于决定经济是持续增长还是陷入停滞不前有着举足轻重的作用（思拉恩·埃格特森，1990）。

国家基础结构的创立旨在界定和实施一套产权，并指定统治者代理人的权力代表。

由于代理人的效用函数与统治者并不一致，因此统治者要设立一套规则以图使他的代理人与他自己的利益保持一致。然而，代理人一定程度上并不完全受统治者的约束，因为存在着统治者权力耗散。这也会降低统治者的垄断租金。我们可以通过探讨一个经济若干部分的交易费用来预示这种官僚结构。

统治者提供的服务有着不同形状的供给曲线。

军事技术及其变化在决定供给曲线的形状上起着主要作用。某些服务是纯粹的公共品，而另外一些则具有典型的U形成本曲线，它表明超出某些产出量的平均成本会上升。保护的成本曲线与国家的军事技术有关，当保护的边际成本等于增加的收入时，它可以确定一个"有效率"的政治—经济单位的规模。从希腊城邦到罗马帝国，再从封建时代小的分散的政治组织到民族国家，军事技术及其变化在决定供给曲线的形状上起着主要作用。

弗里德曼用国家规模与形式的理论（1977）探讨了收入类型与国家的规模和形式之间的关系。他认为，如果贸易是主要的政治收入来源，那么其结果就会出现大国；若租金是主要政治收入来源，则导致小国；若劳动是主要政治收入来源，则形成有封闭边界或相同文化的国家。

三、国家、产权与经济的技术生产边界

这三者之间的关系是：

1. 产权结构决定结构性生产边界（可行的组织）

诺思国家理论的核心就是国家、产权及经济的技术生产之间的相互关系。所谓经济的技术生产边界就是指社会的知识存量和资源禀赋决定了生产率和产出量

的技术上限。按照诺思的分析，对于各种产权结构，都存在一种从一切可行的组织形式中选择出来的结构性生产边界，这种结构性边界能使技术边界以内成本最小而产量最大。

2. 产权体系依赖于社会的政治结构

产权体系确定了一系列可行的经济组织形式，而产权体系则依赖于社会的政治结构，并且某些政治体制能使结构性生产边界接近于技术性生产边界，而另一些政治体制则不能。因此，移动结构性生产边界接近技术性生产边界需要政治变迁，所以关于经济改革的收益—成本评估必须既包括政治变迁成本又包括维持（实施）各种体制的成本。在这里，存在经济的技术生产边界、结构性生产边界和产权体系以及政治体制的内在联系问题。

3. 国家具有提供有效产权结构的优势

（1）（冰）思拉恩·埃格特森的观点：在社会经济发展过程中，技术越发达交易越复杂，使用技术所需要的交易成本也就越高。这里的交易成本就是我们在第二章所说的总量的交易成本。把先进技术条件下的交易成本降低到可操作的水平（即每笔交易的交易成本）需要适宜的产权结构，而能提供这种适应的产权结构也只能是国家。国家具有提供这种社会所需要的结构的优势："与法律、公正和防卫的设计相关的规模经济是文明的基本源泉。"［（冰）思拉恩·埃格特森《新制度经济学》商务印书馆 1996 年，第 286 页。］

如果要使经济运行起来接近它的技术生产边界，则需要给予经济代理人适当的激励。激励依赖于产权结构，而国家在决定产权结构中起中心作用。使经济接近其技术生产边界所需要的实际激励因素和产权结构，将依赖于可得到的技术及其他环境变量。

（2）一种经济的结构性生产边界取决于下列因素：①决策者承担他们行动产生的全部社会成本和经济利益的程度。当产权体系能使成本与收益能内在化时，生产率会得以提高。②所有权能被清晰界定的程度及被安全保护的程度，以及今后是否能够以较低成本和有秩序地解决有关所有权和履约方面的争端。有保障的产权鼓励投资者增加经济的生产资本存量。③产权结构为降低两种成本所作贡献的程度，这两种成本包括度量资产、商品有价值边界的成本和转移资源产权所耗的成本。能使交易成本降低的结构会促使经济接近于其技术性生产边界。④在自愿交换受到高交易成本阻碍的情况下，国家对直接分配资产产权以达到物尽其用的控制程度。当国家直接以新古典福利最大化准则为标准来分配资源，则可大大提高生产率。［（冰）思拉恩·埃格特森《新制度经济学》商务印书馆 1996 年，第 290—291 页。］

（3）诺思重要的论点：国家一般并不提供能促使经济接近其技术边界的适宜的产权结构。大量相对和绝对经济衰退的国家或地区的案例只能解释为由于组织制度失效了。

诺思将国家定义为一个在暴力方面有比较优势的组织，在扩大地理范围时，它的界限要受其对选民征税权力的限制。控制国家的统治者既垄断暴力又垄断公共服务的供给，而且充当一个具有歧视性的垄断者的角色。如前所述，统治者与被统治者之间是一种长期的契约关系。诺思的基本观点是：统治者在谋求自身利益最大化时要受到生存问题、代理问题及度量成本问题等的限制，因而其采用的征税方法和建立起来的产权体系很可能会引致经济远离它的技术性生产边界。

四、国家的组织形式

（一）国家组织形式的分类

（1）组织松散的联邦制，其中地方政府拥有自己的官僚机构；

（2）有统治者直接实施权力的集权官僚制；

（3）有执行官制以及包税制。

（二）国家关系构成的分析

国家的组织形式也是由成本—收益原则支配的，它的目标是使统治者效用（利益）最大化。国家只是由多种关系构成的统一体，其中主要由统治者—选民关系，统治者—代理人关系，国家—国家关系，统治者—替代者关系这四对关系所构成。每一个利益主体都有自己的利益最大化要求，因此，利益最大化的实现有赖于这众多关系在既定的规则下取得协调。

1. 统治者与选民的关系

诺思认为，统治者—选民的关系是决定效用最大化的根本因素。因为统治者和选民之间经常出现的紧张关系，导致了统治者控制的削弱和政治上多元化的出现。不同的选民有其不同的机会成本，这种机会成本决定每一个团体在界定产权和承受税负方面具有的谈判能力。选民也许会以某种代价转向某个竞争的统治者（既另一个现存的政治—经济单位）或支持在现存国家中某个统治者的竞争者。前一种选择依赖于相竞争的政治单位的结构，后一种选择取决于相竞争选民的相对暴力潜能。

2. 统治者与代理人的关系

统治者—代理人关系是统治者和选民之间关系的中间纽带。统治者规定和实施一组所有权结构后，要授权给其代理人来执行。但是，代理人的目标效用函数与统治者的目标效用函数并不总是一致的，当统治者权力扩散到一定程度时，代理人便不完全受规章约束，其结果是，统治者在其代理人头上或多或少耗费一些垄断租金，在某些情形下，代理人与选民在瓜分某些垄断租金时存在着共谋。

3. 国家与竞争者的关系

国家—国家关系与统治者—替代者关系是两个不同范围内的关系，在性质上是一样的，即国家的统治者总是有竞争对手的。对某个特定的国家来说，国际上其他国家尤其周边国家很有可能成为它的潜在替代者，这在西欧民族国家的形成和发展过程中表现得尤为明显。替代能够实现的一个重要因素是，替代者国家的所有权制度创新获得了成功，从而推动了经济发展，在竞争中处于很有利的地位，被替代国家的人民也有可能倾向于获得成功的那个国家。

4. 小结

诺思认为，这四组关系的不断变动决定了历史上国家的稳定和变革。技术的革新，人口的变化，更有效率的市场的扩展在国内改变了相对价格和选民的机会成本，造成了统治者与选民、统治者与代理人的力量对比的变化，并有可能导致与国家规定的既有的所有权结构发生冲突，最后促使国家对所有权的调整或统治者的更替。这种“不稳定”在国际竞争下更为严重，由于存在着邻国有效率的所有权结构，效率较低的所有权会威胁到一个国家的生存。在国内国际双重压力下，“统治者”面临着抉择，要么废除、要么修改基本的所有权结构，使社会能够降低交易费用和提高增长率。例如：政府高层官员的私人利益与国家的经济利益之间的矛盾

第二次世界大战前泰国的灌溉政策因重要人物的净利益与社会净利益的冲突，导致了政府引致投资机制的失灵。

是什么原因导致该项目延期的呢？从新制度经济学的角度来分析，至少有两大原因：

（1）国家安全目标与经济发展目标之间的冲突（关于此问题我们在下一章将作详细分析）。从当时的国际环境看，泰国始终面临着帝国主义的威胁。因此，国家安全目标高于一切。建设水利工程项目的机会成本太高。此外，当时由于外部环境的不利，泰国增加财政收入、支持政府投资的能力十分有限。泰国又不愿债台高筑、冒受外国干涉的风险。因此，仰仗外国贷款的灌溉投资就没有吸引力；反之，继续依靠私人投资扩大播种面积，则动用国家财力少一些，冒受外国干涉的风险也最小。从政治成本—收益的比较看，这是当时“最佳”的选择。国际环境对各国的制度选择也是一个很重要的因素。东欧及前苏联的剧变在某种程度上讲就证明了这一点。

（2）政府高层官员的私人利益与国家的经济利益之间的矛盾。当政府官员会

成为公共投资主要受益者时，对采取干预措施、提高土地生产率的要求就会得到满足；而当这种干预影响所及有损于政府要员的利益时，这种要求就不会满足（V.奥斯特罗姆等编《制度分析与发展的反思》，商务印书馆 1992 年版，第 130 页。）

上层决策者的净利益并不等于国家净利益（或社会净利益），社会净利益的存在并不一定导致制度供给。因为能给社会带来净利益的制度供给不一定能给上层决策者带来净利益。正因为如此，道格拉斯·C. 诺思指出："国家的存在是经济增长的关键，然而国家又是人为经济衰退的根源；这一悖论使国家成为经济史研究的核心，在任何关于长期变迁的分析中，国家模型都将占据显要的一席。"[（美）道格拉斯·C. 诺思著《经济史中的结构与变迁》，上海三联书店 1991 年版，第 20 页。]

五、国家的变迁

1. 对统治者的约束往往导致无效产权

前面描述的国家简单静态模型提出了施于统治者的两种约束：竞争约束与交易费用约束。两者通常造成无效率的产权。

在第一个约束下，统治者将避免触犯有势力的选民。如果势力接近候选统治者的集团的财富或收入受到产权的不利影响，那么统治者就会受到威胁，因而，统治者会同意一个有利于这些集团的产权结构而无视为对效率的影响。有效率的产权也许会导致国家的高收入，但与那些较无效率的产权相比，由于交易费用（监督、检测和课征赋税）会减少统治者的税收，因而统治者常常发现他的利益所在与其说是在于垄断，不如说是导致更激烈竞争状况的产权。

简而言之，一个国家的增长过程是内在不稳定的。信息费用、技术和人口（或一般相对要素价格）的变化都是明显的影响不稳定性的因素。还有一个重要的因素是统治者终有一死。

2. 国家（政府）在制度创新过程中起着十分重要的作用

诺思的"新经济史学"认为，制度创新是一个社会经济增长的根本原因。制度创新分为个人推动的、团体推动的和国家推动的。其中国家（政府）在制度创新过程中起着十分重要的作用，国家推动的创新是经济增长的基本动力。

从产权和国家的起源过程来看，国家为个人和团体的制度创新提供了外在制度环境的支持或约束。新制度经济学家都承认，国家起源于产权的界定和保护的需要，"专一的公共所有权的发展，导致专业化和分工的扩大和一种规定，裁决和实施所有权的特殊组织形式——国家的出现"。从国家的基本职能来看，政府制度、法律规则等本身就是国家为个人和团体创新所提供的制度环境，任何创新都必须在既有的制度环境下进行，须符合国家设定的规则，除非由国家自己作出制度环境的变革，否则，国家的不稳定将产生冲突。

3. 国家一般支持能够为其增加收入的制度创新

当然，从国家自身的利益最大化来考虑，国家一般是支持能够为其增加收入的制度创新的。正因为法律上和政治上的一些变化会影响到整个制度环境，从而使得某些集团实现一种再分配或趁机利用现存的外部利润机会成为可能，这样给国家变革宏观制度环境带来了一定的困难。

4. 国家结构变迁及其稳定的根源

国家的静态模型理论缺陷是任何对长期变迁解释的关键问题。意识形态的研究对于形成一个有关国家变迁的动态理论是很重要的。

(1)“搭便车”解释了历史上国家的稳定性。抵触国家强制力的个人成本通常源于对国家规则的漠不关心与顺从，而与压制无关。当前许多民主制中出现的低投票的情形，与过去个人为阶级和大集团去推翻社会的行动的失败有历史的相似，“搭便车”问题在许多国家的文献中没有得到重视。

(2) 制度创新来自统治者而不是选民，这是因为后者总是面临着“搭便车”问题。对统治者来说，既然他没有“搭便车”问题，他就要不断进行制度创新以适应相对价格的变化。因此，使得劳动更加稀缺的土地与劳动相对稀缺性的变化就会促使统治者变革制度以适当地增加劳动的租金。只要劳动的机会成本不变(即其他统治者的潜在竞争不存在变化)，这些创新就会实行。

(3) 革命将是由统治者的代理人或由相互竞争的统治者或列宁主义者式的少数精英集团发动的宫廷式革命。

(4) 在统治者是一个集团或阶级代理人的地方，某些成功的规则要设计得使在统治者死后，革命或巨变的机会最小。上述四点有助于解释历史上国家结构变迁及其稳定的大部分根源。

第三节　国家在经济增长中的作用

本节要点：诺思悖论的含义和理解；无效率产权结构形成的原因；国家在产权形成中的作用；产权失灵。

一、诺思悖论

(一) 悖论

国家是一种强制性的制度安排。一方面，国家权力是保护个人权利的最有效的工具，因为它具有巨大的规模经济效益，国家的出现及其存在的合理性，也正是为了保护个人权利和节省交易费用之需要；因此国家权力就构成有效产权安排和经济发展的一个必要条件。就此看来，没有国家就没有产权。另一方面，国家权力又是个人权利最大和最危险的侵害者，因为，国家权力不仅具有扩张性质，而且其扩张总是依靠侵蚀个人权利实现的，在国家的侵权面前，个人是无能为力的。导致无效的产权安排和经济衰落。这就是有名的“诺思悖论”。

(二)“诺思悖论”的理解

1. 诺思的解释

(1) 好的行为准则是至关重要的。诺思：“我自己都不知道有一个诺思悖论。……总的来说是这样一种观点：没有国家办不成事，有了国家又有很多麻烦。也就是说，如果给国家权力，让它强制执行合同或其他规章，它就会用自己的权力强制性施加影响，造成经济效率不高的现象。……无论如何取得效益最大化的行为准则对任何国家都是十分重要的。所以具有一个好的行为准则对于一个社会来说是至关重要的，它弥补了一个社会现有各种规章制度的不足。实际上要想取得交易成本低的经济市场和有效的政治市场，也需要有这种诚实的、合乎理性的、好的行为准则。社会学家科尔曼将这种社会品格称为‘社会资产（Social Assets)’，他的观点收集在《如何使民主运转》一书中。”在新制度经济学看来，几乎任何一套规则都好于无规则。

(2) 在诺思看来，因为是国家界定产权结构，因而国家理论是根本性的。最终是国家要对造成经济增长、停滞和衰退的产权结构的效率负责。国家的存在是经济增长的关键，然而国家又是人为经济衰退的根源。诺思悖论可从“纵”与“横”两个方面解释，从纵向来看，在同一国家里，国家过去是阻碍经济发展的，而现在则变成促进经济发展的一个因素了；从横向来看，在同一时期，甲国的国家有利于经济发展，而乙国的国家不利于经济发展。诺思是把“国家”放在人类历史长河和世界格局中来分析的。因此我们也必须从这个“视角”去理解“诺思悖论”。

2. 在理解“诺思悖论”时，我们应注意这样几个问题：

(1) 关于统治者的双重约束问题。

统治者的交易费用约束：交易费用的高低影响着产权结构及其演变。度量衡标准化发挥着降低交易成本和确保统治者榨取最大量租金的功能。物品与劳务的多尺度化使考核成本越高，其耗费的租金就越大，统治者在确定产权结构时已把其租金最大化的目标强制“放进去”了。除了考核成本增加影响交易费用进而影响统治者的租金以外，统治者与其代理人利益并不完全一致，或较少地耗费统治者一些垄断租金。委托代理关系无疑要耗费监督费用与交易费用。

统治者的竞争约束：统治者总存在对手：与之竞争的国家或本国内部的潜在统治者。在竞争约束下，统治者将避免触犯有势力的选民。如果这些集团的势力达到威胁统治者利益的“边界”时，统治者会同意一个有利于这些集团的产权结构而无视它对效率的影响。

“无效率”的产权是常态而不是偶然。统治者的双重约束表明，正的交易费用限制了统治者对有效率产权结构的选择。另一方面，各种利益集团的竞争压力迫使统治者不得不选择一些无效率的产权结构。正如道格拉斯·C. 诺思所指出的那样，“即使对历史和当代世界最一般的考察，也可清楚地看到‘无效率’的产权是常态而不是偶然”。（道格拉斯·C. 诺思著《经济史中的结构与变迁》，上海三联书店，1991 年，第 33—34 页。）从长远来看，有效率的产权会导致国民收入的增长，但与那些无效率的产权相比，由于交易费用（监督、检测等）会减少统治者的税收，因此，从短期来看，统治者的租金会减少。这里“长期利益”与“短期利益”的矛盾表明，统治者作为“人”，其理性也是有限的。新制度经济学发现，统治者的寿命周期是影响一国稳定及其制度变迁的一个“重要的因素”。（道格拉斯·C. 诺思著《经济史中的结构与变迁》，上海三联书店，1991 年，第 30 页。）

（2）关于无效率产权结构形成的其他原因：

统治者偏好的多元性与有限理性。统治者偏好的多元性（财富、威望、历史地位、国际影响等）及其有限理性无疑会影响他对产权制度安排的选择。即随着统治者财富的增加，财富的边际效用在降低，其他商品（如威望、历史地位、国际影响等）的边际效用却在增加。在统治者的偏好中，产权有效性可能是一个重要“砝码”，但不是唯一的“砝码”。

不同集团利益的冲突。国家在某种程度上讲是不同集团的集合体。统治者就是这些不同集团利益的“均衡者”。制度安排（包括产权制度）的变迁经常在不同群选民中重新分配财富、权力和收入。如果变迁中受损者得不到补偿，他们将明确地反对这一变迁。一个强有力的集团也可能促进那些有利于这个集团收入再分配的新制度安排，尽管这种变迁将损害经济的增长。显然，包括产权在内的各种制度安排并不完全取决于效率（或经济）原则，它们还取决于不同利益集团的规模、地位以及与统治者的关系。人类历史上无效率产权之所以成为“常态”的根源也在于此。离开产权，人们很难对国家作出有效分析；同样地，离开国家，人们也无法对产权进行有效分析。

在施蒂格勒看来，国家为一个产业的寻租提供了可能性。国家是一社会中每个产业潜在的资源或潜在的威胁。国家可以而且确实通过禁止或强制、取走或给予资金等方式有选择地帮助或损害了许多产业。这些权力就为一个产业利用国家提高赢利提供了可能性。国家能给一个产业带来的利益实际上为一个产业的寻租提供了可能性。

根据施蒂格勒的分析，一个产业（或一种职业）谋求从国家得到的主要政策有四种：①一集团谋求获得的最明显的帮助是直接的货币补贴；②控制潜在的竞争对手的进入；③控制替代商品和互补商品的生产；④固定价格。在供给一方，他指出，使用政治过程的成本随着集团规模的扩大而增加，因此紧密的集团最有可能成为对管制的成功的“出价人”。因此，那些有能力购买管制的人就被允许使用政府的某些权力去获取利润，即重新分配财富以供他们自己使用。事实上，施蒂格勒的看法是，政治过程是以一种理性的方式建立和使用的。也就是说，政治过程被个人和集团利用来实现他们自己的欲望。

例如：政府在我国基础设施领域促进竞争及反垄断中的“诺思悖论”。在基础设施领域促进竞争、反垄断是当前不少国家（地区）的一种选择，但是在我国基础领域垄断现象还相当严重，这其中一个重要原因就是我国政府在基础领域促进竞争及反垄断存在一个“诺思悖论”。

（三）基础设施领域放开管制、引入竞争的两个案例

案例一：香港开放电信市场。

在这笔交易中真正最大的赢家是香港政府。这笔交易可以看作是一个“权钱交易”。但是，这里的“权钱交易”与我们通常理解的“权钱交易”是相反的。政府不是凭自己手中的权为自己谋利益，而是用纳税人的钱购回一种不利于纳税人的垄断专营权，从而为广大的市民带来了更大的福利。1925 年，香港经济薄弱之时，当时的香港政府为市场选择了专营的方式。今天，自由竞争的电讯市场更有利于香港经济的发展，于是，香港政府果断地进行了这次“权钱交易”。电讯市场的开放将为香港经济带来巨大的潜在利益，纷至沓来的高新技术会推动香港产业的升级换代；数以亿计的资金带来的是众多的就业机会和相关行业的兴旺发达。这次“权钱交易”不仅为香港的市民带来了巨大的好处和就业机会，而且还为香港的产业的发展带来了新的机遇。香港在基础设施领域引入竞争及反垄断的特点是，对基础设施领域的垄断采取了赎买的政策。

案例二：在美国，基础设施的提供是根据一种特定的社会契约而进行的。（美国基础设施管制——引入竞争带来巨大经济效益）美国的证据表明，减少规章制度能带来巨大的经济效益。

产业管制的最大受害者是消费者。管制的过程实际上是消费者剩余转变为生产者剩余的过程。当消费者面对管制带来的负效用（如高价低质服务等）忍无可忍的时候，国家不得不逐步放松管制。放松管制的过程实际上也是寻租衰减的过程。此时，国家放松管制的最大障碍是受管制的部门。

国外对自然垄断行业从管制到放松经历了一个过程，完成这个转变的原因有：

（1）经济学家的努力。经济学家们对管制的效率分析表明，管制并没有带来高效，管制的成本（尤其是社会成本）高于管制的收益。经济学的实证分析是政治家们不得不放松管制的重要原因。

（2）管制不利于经济全球化、一体化的进程，这是不利于发达国家利益的，所以一些发达国家纷纷修改法律、政策，逐步地放松管制。

（3）部门利益不等于国家利益。一些垄断行业往往打着国家的利益招牌，用垄断高价维持自己的超额利润或掩盖自己的亏损，这些往往引起消费者的投拆，从而引发社会矛盾。因此越来越多的人开始认识到，部门利益不等于国家利益。这些经验教训对于我国改革垄断行业的管理体制都是很有启发意义的。

（四）政府在我国基础设施领域促进竞争及反垄断中的“诺思悖论”

我国政府在深化市场化改革与面临加入WTO的双重约束下，已经意识到在基础领域促进竞争及反垄断的重要性，但是一旦在基础领域采取促进竞争及反垄断的改革措施就面临着种种约束，主要有：

（1）财政收入上的约束。从目前我国中央与地方财政收入的构成来看，政府能控制的基础设施领域占有相当大的比重。这些部门如果真正放松管理、引入竞争，在转型阶段，可能会出现政府财政收入的下降。

（2）基础设施行业的既得利益集团对改革的约束。我国国有经济在铁路、邮电通信、金融保险、城市公用事业等公共企业仍占垄断地位。对于国家来讲，“政府管制”与“行业垄断”已成为两难困境：从深化市场化改革和消费者角度讲，应该放松管制和行业垄断；但是从国有企业的生存和国家财政收入的角度讲，国家又不能放松管制和行业垄断。中国的渐进式改革，决定了国家决策者要不断地在这两者之间寻找到均衡点。

我国政府管制和行业垄断的结果是造成了不断的设租和寻租过程。这主要表现在，第一，这些部门为了维持自己的垄断地位和经营上的特权，不断地游说或论证本部门只能由国有企业特许经营，从而防止非国有企业的进入和市场竞争。这种游说或论证的过程实际上是一个寻租过程。第二，从就业动向来看，人们拼命通过各种关系或手段进入邮电通信、金融保险等部门，在行业垄断的情况下，人们进入了这些部门实际上就是获得了一种职位租金。第三，这些行业为了掩盖自己的低效就要通过寻租不断地维持自己的垄断地位。

政府管制对电力工业发展的消极影响主要在于：

（1）造成了电力工业经济的效率损失。这主要是因为，政府管制从投资上限制了电力工业的发展；政府对电力行业的价格管制限制了电力企业的积累和扩大再生产；电力供给的完全垄断市场，使电力工业企业丧失降低成本、改善经营管理的外部压力，企业经营管理不善。

（2）对宏观经济运行的负面影响。我国电力工业投资目前占社会总投资的6%～15%，其每个百分点的变动都可能给宏观经济运行带来较大冲击。电价管制还造成价格刚性，造成宏观经济波动。电价的合理差异被“一刀切”所抹煞其后果是严重的（夏汛鸽，1998）。

（3）造成电力供求过程中的寻租现象。电力部门为了维持自己的垄断地位就需要不断地通过寻租来达到；为了追求自己收益最大化，一些人（人称“电老虎”）通过设租的方式来获取额外收益。

用现代经济学的观点来看，基础设施领域是影响社会交易费用大小的一个重要因素。当前我国政府在基础设施领域打破垄断、引入竞争的关键可能不是财政上的约束，而更主要是在这些基础设施领域既得利益集团的“阻碍”，这主要表现在：第一，这些基础设施领域的主管者往往把本行业的利益等同于国家的利益。第二，如果真正要在这些领域打破垄断、引入竞争，可能在其改革的初期，会出现一定的震荡（尤其这些行业职工的高收入可能会下降），那么谁来承担这个风险和压力呢？第三，这些基础设施领域由于其垄断的地位而没有参照系，人们只知道这些领域的服务很差，但是很难发现这些领域的低效。这也为该领域既得利益集团为自己的行为辩护提供了依据。第四，在为我国基础设施领域的垄断辩护中有一条理由，那就是西方国家的基础设施领域也存在大量垄断，为什么我们就不能容忍垄断呢？在此值得指出的是，我国基础设施领域的垄断与西方国家基础设施领域的垄断存在“质”的差别。美国的电信是靠竞争、靠不断地申请专利把竞争对手排在外面，但消费者得到了实惠；而我国的垄断是靠政府支持下的垄断，它不思进取也可以得到比别人多得多的收入，它的成本核算就是没有商量的市场定价。

当前我国政府在基础领域促进竞争及反垄断中的“诺思悖论”的内涵正在发生转变，这主要表现在以下三点：第一，过去财政收入或者国家利益正在被整个社会的利益所代替，也就是讲，在基础设施领域促进竞争及反垄断所引起的交易费用下降及社会产出的增长会远远大于维持现有基础设施领域垄断格局带来的财政收入的增长。第二，从短期与长期的关系来看，在短期内，在基础设施领域促进竞争及反垄断可能会带来财政收入的下降，但是从长期来看，在我国基础设施领域促进竞争及反垄断会为该领域的发展带来新的增长空间（见前面的案例一）。第三，加入 WTO 及诺思所说的国与国之间的竞争也使我国政府不得不对我国基础设施领域的产权格局及产业政策作出相应的调整，这种调整的基本走向是按照国外基础设施领域改革的成功经验及我国国情（包括我国经济体制改革的进程）制定政策，尤其要对现有我国基础设施领域的规章制度作出改革。我国政府在基础设施领域促进竞争及反垄断的过程将是一个从垄断的“支持者”变为垄断的“反对者”的过程，这个过程可能是痛苦的，但它会带来我国基础设施领域发展的春天。

二、国家在产权制度形成中的作用

1. 国家在产权制度形成中的作用

（1）国家凭借暴力潜能和权威在全社会实现所有权。与各种民间组织相比，政府能够以更低的成本确定和实行所有权，并且由此获得的好处要比经过扩大市场获得的好处明显得多。因此，各种经济组织和个人在政府严格确立和实行所有权的条件下，才愿意付出得自贸易的收入（即税金）。从这个意义上看，司法和财产所有权的实现是由公众出资的公共物品。

（2）有利于降低产权界定和转让中的交易费用。排他性产权制度的建立是一国产权有效转让和交换的前提。建立排他性的产权制度以及产权的转让都有利于资源配置效率的提高。但是过高的交易费用往往限制了排他性产权制度的建立和产权的转让。国家作为第三方当事人，能通过建立非人格化的立法和执法机构来降低交易费用。当交换的基本规则确定以后，只要存在法律机构，谈判和行使的费用会不断减少。

（3）国家在产权制度形成中的作用还取决于权力介入产权安排的方式和程度的差异。在历史与现实中，有的国家只为产权安排和产权变革提供“游戏规则”；有的国家不仅提供“游戏规则”，而且还直接参与干预产权的安排与产权变革。一般说，有以下三种类型的多种情况。

第一种，产权安排完全是私人之间的一种合约，国家权力的介入仅仅在于承认这种合约安排的合法性和有效性，保护依据这种合约进行的正当的产权交易。这种产权安排主要发生在那些分权化体制或自由竞争的市场经济国家。

第二种，产权的变更和取得不是通过个人之间的交易，而是通过国家权力强制作出的安排，这样形成的产权就是对另外一种产权进行剥夺的结果。形式主要有：①随着政权的更换，被剥夺和新形成的都是国有产权；②由个人产权变成国有产权；③由国有产权变成个人产权；④由一个人的产权变成另一个人的产权。

第三种，国家干预产权交易。由于干预方式、干预对象和干预强度的不同，也会出现不同的产权安排。主要有：

如果国家直接成为买者或卖者，那就是强买或强卖，而且前者的强度比后者更甚。前者是私人产权变成国家产权。后者是国家产权变成私人产权，是一种私有化的过程。

如果买卖双方都是私人所有者，国家的干预也可能出现两种情况：一种是国家只限制产权交易的价格。另一种是国家除了限制交易的价格外，还可以对产权交易作进一步的干预。

产权内容的改变，取决于统治集团对改变现有的产权安排所带来收益的事前估计与监察和执行权利结构的改变所带来的成本的事前或事后估计之间的相互关系。国家是否应该直接干预产权的界定、转让、交换的过程？总的来说，取缔和禁止产权交易，国家权力强制作出的产权安排是低效率和无效的。

2. 小结

总之，离开了国家，现代意义上的产权制度无法建立起来。但是历史和现实中的无效或低效率产权又或多或少与国家有关。这主要表现在：

（1）国家为了自身利益最大化而维持有利于某一集团的财产产权制度。有两个因素制约着统治者对低效率产权的变更。一是短期财政收入增长与长期财政收入增长之间的矛盾。在国家规模增长和财政支出刚性的约束条件下，统治者更多关注的是短期财政收入的增长，在统治者面临潜在竞争对手时更是如此。二是统治者的寿命是限的。也就是人人都面临着的，人的有限理性的“自然界限”。统治者的寿命限制使他不愿变更低效的产权，历史上不少产权制度的变迁都与统治者的寿命周期有关。

（2）对产权形式的选择和歧视。现实中有多种产权的收益大于产权的运作成本。在产权形式选择过程中，决策者的偏好至少是一个重要的因素。同时，统治者对某一种产权的歧视也可通过政策、规则之类的方式体现出来。在统治者偏好的特定效用函数中，除了经济因素之外，还有政治因素、意识形态等。

（3）国家的干预和管理制度造成的所有制残缺。管制导致所有制的残缺。所有制的残缺程度与管制的程度成正比。所有制残缺与行为之间存在着一种相互关系。

在所有制残缺中，排他性和可让渡性这两种权利的“残缺”对经济的影响是更深刻的。

非排他性的公有产权似乎对人人都有利，结果谁也得不到更多的好处。非排他性的产权还会造成过多人使用资源的“拥挤”现象（从经济学意义上讲，有节制的利己主义比不计算成本收益的利他主义更有利社会财富的增长和文明的进步）。

可交换的产权（exchangeable property rights）也是产权权利束中最基本的权利之一。国家对房租租金的管制，实质上导致了房子转让权（或交换权）的残缺。政府管制租金的本意是让穷人也有房子住，但适得其反，因为租金被管死以后，那些房地产商人就不愿经营廉价的房地产了。于是造成的廉价房供不应求，穷人住房更加困难了。以上分析表明，国家可以通过重构产权实现财富和收入的再分配。

上述三种形式是国家导致无效产权的主要途径。现在的问题是如何破解“诺思悖论”。为了更好的发挥国家在产权制度建设方面的作用，限制其消极作用，至少要考虑以下几点：

（1）国家在产权方面的基本职能之一是为产权的运行提供一个公正、安全的制度环境。通过国家保护产权可以达到规模经济。产权的安全、稳定及其延续性是产权产生激励功能的基本前提。

（2）国家在产权方面的另一基本职能是提供产权运作的规范。国家应该为产权的运作提供“游戏规则”。如资产评估、产权的量度、产权交易法规、产权交易契约的实行、产权市场的建立等都需要国家制订相应的法规。

（3）利用法律和宪法制约利益集团通过重构产权实现财富和收入的再分配。如何通过政治程序、法律以及宪法制约等手段扼制国家权力对产权的干预、控制是能否建立有效产权的基本前提。如何扼制利益集团对产权的干扰？至少应该建立三道防线：

一是建立有约束机制的政治体制。使那些努力通过政治程序对财富和收入实行再分配的社会集团无利可图。例如，在美国，三权分立的政府体制。总之，要建立相互制衡的权力机制。

二是宪法秩序。限制政府权力的一套综合性规则应该体现在客观的法律结构中，这套规则不会因政治的需要和统治者的变动而变化。基本规则应该相对长期稳定。宪法的有效性取决于它是多种利益集团讨价还价后的一种折中契约。同时，宪法所反映的意识形态要比任何一种特定利益广泛。因此，解析宪法结构可能更好地剖析一国的产权制度。

三是法律制度的完善。产权经济学在某种程度上讲是经济学与法学结合的产物。有效的产权制度的基本标志之一是产权的交易规范能否法制化。同时，产权交易规范的法律化也是扼制国家机构对产权干扰的有效手段。

三、产权失灵

（一）定义和表现

所谓产权失灵，是指产权不存在或者产权的作用受到限制而出现的资源配置低效甚至无效的现象。斯蒂格利茨在《经济学》中指出有三种情况会出现产权失灵：

（1）范围不明确的产权。如大浅滩，由于不存在产权，每个人都尽可能多捕鱼，从而出现竭泽而鱼的现象。

（2）有限制的产权。如政府对用水权的限制使水资源不能得到有效利用。

（3）作为产权的法定权利。法定权利，如在一些大城市里普遍存在的、以受到控制的租金终生租用公寓的权利也是一种产权。宏观上的产权失灵比微观上的产权失灵包括的范围更广、对经济的影响也更大。产权失灵的程度可以通过把一个国家产权不存在的数量和产权作用受到限制的数量加总起来看占一国的 GDP 的比重来判断。

（二）产权失灵的原因

产权失灵的根本原因应该从国家理论中去寻找。无效率产权的形成原因除了我们上面分析的统治者的双重约束、使统治者（或统治阶段）租金最大化的产权结构与它推进经济增长的作用是相冲突的原因以外，还有一些其他的原因：

格雷夫等人对中世纪商业革命的行会的研究表明，行会起源于具有共同知识的协调、诚信和契约的强制。一个重要的延伸是，作为强制契约和产权并提供公共物品制度的国家引起了一个困境：具有充分的力量做这些事情的国家也具有权力抑制保护或强制征收私人财富，并削弱市场经济的基础。通过检验中世纪欧洲部分城市的行会兴起，他们认为，行会之所以成为一个制度存在而且普遍存在于许多城市，是因为国家困境的存在。行会因为具有文化信仰的依托，所以能够广泛地在不同的商人集团之间建立信息名誉机制，并对行会成员产生诚信和道德强制。在多边名誉机制形成的过程中，长距离的贸易才成为可能，并形成了分散化的信息交流网络，最终才是产权的形成。

制度安排和制度变迁受特殊利益集团的影响是新制度经济学很关注的一个问题。奥尔森指出，像行会、工会、卡特尔以及议会院外活动集团等这样一些分利集团之所以会阻碍经济增长，主要是由于：

（1）这些利益集团具有排他性，他们阻碍了技术进步、资源的流动与合理配置；

(2) 它们降低了生产经营活动的报酬，而提高了利用法律、政治与官僚主义进行讨价还价等活动的报酬；

(3) 它们提高了社会交易成本而降低了社会经济效益。那些希望采取集体的行为以增加其收入的分利集团不会关心社会总收益的下降或公共损失，因而分利集团的活动不是增加社会总收入而是减少社会总收入，与其说它们是“分蛋糕”不如说他们是有破坏性后果的“抢瓷器”。

(三) 市场经济与产权制度

1. 市场经济的建立过程就是产权制度的建立过程

市场经济是一种产权经济。市场经济运行机制是建立在以下几个前提基础上的，一是产权界定清楚；二是产权的有效转让；三是产权的法律保护。与此相适应的法规、制度就构成一国的产权制度。市场经济的建立，实质上是一个产权制度的建立过程。这是因为：

(1) 从历史上来看，市场经济的的产生和发展与新的产权制度有着内在联系。行政权与产权的分离，是市场经济建立的根本前提。与封建社会相比，资本主义经济快速发展的奥秘就在于产权代替了封建社会的一系列“特权”。产权的界定、转让、保护及其相应的制度充分调动了个人的积极性。

(2) 从市场经济的运行机制来看，产权制度是否健全，关系着“无形的手”能否充分发挥作用。产权界定不清楚，交换几乎不能发生。因为没有产权的所有者，就无交换的主体。产权不能转让，就只能用非市场的手段（如计划）配置资源。没有有效的产权保护，谁也不愿投资。市场经济之所以是人类社会目前最有效的资源配置方式，是因为它有一套健全的产权制度能使生产得以最佳配置。

2. 产权失灵是市场失灵的重要原因

产权经济学认为，经济学的核心问题不是商品买卖，而是权利买卖。所谓很多外部效果问题，都是由于人们议定契约的权利无法严格界定，然而没有严格界定的这种权利，就不会有有关产品的市场，所以产生了外部效果。如清洁空气的所有权难以界定，自然就有污染问题中的外部效果。所以市场的失败是产权定义不明确的结果。

外部性中的正外部性与负外部性实际上都与产权有关。对于这些领域的问题如果不从产权问题入手，而仅仅从国家干预入手可能并不能从根本上解决问题。如果存在外部性问题，一个人的行动所引起的成本或收益就不完全由他自己承担；反过来，他也可能在不行动时，承担他人的行动引起的成本或收益。在科斯看来，许多负外部性的产生都与产权界定不清有关。20 世纪 50 年代末、60 年代初科斯产权思想的一个显著特征是将交易成本概念进一步拓展为社会成本范畴，而社会成本范畴研究的核心又在外部性问题；恰恰在外部问题上，产权界定含混造成的混乱和对资源配置有效性的损害表现得最为充分。只要产权不明确，类似的公灾是不可避免的；只有明确产权，才能消除或降低这种外部性所带来的危害。在明确产权的基础上，引入市场、价格机制，就能有效地确认相互影响的程序及其相互负担的责任。（科斯，《联邦通讯委员会》，1958。）

第四节　经济制度变迁中的国家

本节要点：从人类历史的变迁中分析各类国家的起源和变迁。

一、国家的出现是古代世界最重要的成就

大约1万年以前，人类开始从狩猎和采集向定居农业的转变，道格拉斯·C.诺思称之为第一次经济革命。新制度经济学认为，政治和经济组织的结构决定着一个经济的实绩及知识和技术存量的增长速率。人类发展中的合作与竞争形式以及组织人类活动的规则的执行体制是经济史的核心。

不管国家是起源于契约，还是暴力，都是由农业共同体的制度组织漫长的演化而来的。宗教在使统治者的强制力合法化方面起了关键的作用。早期的国家具备寺庙社会的特征，埃及的法老既是统治者，又是神。地理位置在限定国家的发展和国家规模变化方面发挥了关键作用，同时军事技术的因素也影响着国家的生存能力。

二、封建主义的兴衰

从公元5—15世纪西欧建立了能够带来足够的秩序与稳定的政治经济结构。人口变化和战争在解释有关结构转变中起关键作用。战争是政治单位的规模和结构的决定因素，人口变化则通过影响土地和劳动的相对价格，从而在改变经济组织和产权中起着同样的决定作用。诺思和托马斯（1973）认为，中世纪的农奴制取代过去长期普遍的奴隶制，是理性选择的结果，为什么在封建时代地主没有简单地将雇农变为奴隶完全拥有他们。原因之一是，劳动力稀缺，地主得为使用雇农而竞争，受压迫的雇农很容易逃到附近条件更好的城邦中去；第二，要使自给自足的采邑制成为一种可行的经济制度，涉及许多困难的工作，要在这些工作中控制和监督奴隶代价高昂。

三、民族国家

17 世纪兴起的欧洲各民族国家之间出现了不同的经济增长率，其原因可以从每个国家建立的产权的性质中找到。所建立的产权类型是各个国家所使用的特殊方式结果。政府与臣民之间在扩大国家征税权方面的制衡特别重要。在两个成功的小国家里，所建立的产权激励人们更有效地使用资源，并把资源投入发明与创新活动之中。在不太成功的国家里，税收的绝对量和取得财政收入的具体形式刺激个人做相反的事情。

因而，在法国由于国家的财政需要而牺牲了改善市场效率的好处。

西班牙产生了类似的、更具破坏性的后果。法国和西班牙的经历在许多方面是相似的。在这两个国家里，人民保护和行使基本产权的初始欲望是如此强烈，以致于国家能够掌握征税权。对越来越大的财政收入的需要使得这两个国家基本上都用产权来换取收入。被转让的产权并没有提高效率，而是相反。在 17 世纪，西班牙比法国更深受这种后果的危害。

荷兰是一个资源相对稀缺的国家，荷兰人的成功在于建立了比强大的对手更有效率的经济组织，发挥了扩大世界贸易的优势，克服资源不足的困难。贸易和商业的发展是荷兰经济的主要动力，没有行会和贸易限制，统治者反对限制而积极鼓励竞争。荷兰人在 17 世纪成为欧洲的经济领袖。

英国经济能成功地摆脱 17 世纪的危机，可以直接地归因于逐渐形成的私有产权制度。英国政府面临着和其他民族国家同样的财政需求。法国的辽阔地位、西班牙的财政富裕以及荷兰经济组织的高效率，使得这些国家成了欧洲的强国。英国被迫与这些新兴民族国家进行竞争。英国找到了一个中间地带，无视西班牙而建立了新世界王国，试图一方面孤立荷兰人而另一方面又建立类似的产权和进行制度上的调整。到 1700 年，英国已成功地取代了荷兰人而成为世界上发展最快的国家。

四、产业革命的再认识

在常人（包括许多经济史学家）看来，产业革命的爆发无非是瓦特发明蒸汽机和约翰·凯发明飞梭等之类的技术进步的结果。产业革命似乎是一种突变。可在诺思教授看来，则是一系列制度方面的变化给产业革命这一根本性的变革铺平了道路，那就是市场规模的扩大引起了专业化和劳动分工，进而引起了交易费用的增加，交易费用增加意味着资源的浪费，也说明原有的经济组织出现了不适应性，这迫使经济组织发生变更，从而降低了技术变革的费用，加速了经济增长。总之，产业革命作为人类历史上第二次经济革命，是一系列因素长期发展、变化所带来的渐进性的结果。产生第二次经济革命的第一步是科学法则的提出；第二步，如 A. E. 马森、E. 罗宾逊和其他人所强调的，是产业革命期间科学家与发明家之间的知识交流；第三个重要的步骤是产权的演变，它提高了私人收益率，并使之更接近于社会收益率。专利法和附补法（如商业秘密法）在其中起了重要的作用。

基本概念

暴力潜能　诺思悖论　产权失灵

思考：

1. 国家起源有哪几种理论？基本观点是什么？
2. 为什么国家的双重目标往往是矛盾的？
3. 国家为何要对造成经济增长、停滞和衰退的产权结构效率负责？
4. 国家在产权制度形成中起什么作用？
5. 产权失灵的原因是什么？

参阅文献

1. 诺思、托马斯：《西方世界的兴起》，华夏出版社 1999 年版。
2. 奥尔森：《国家兴衰探源》，商务印书馆，1999 年版。
3. 柯武刚、史曼飞：《制度经济学》，商务印书馆，2000 年版。
4. 埃格特森：《新制度经济学》，商务印书馆，1996 年版。

第七讲　制度与经济发展

产业革命不是近代欧洲经济增长的原因而是其结果，真正决定性的原因是私有产权制度的确立。

内容提要：

（1）制度作为增长因素之一，在经济增长理论研究中的地位和作用；

（2）制度与经济发展的关系；

（3）制度移植与经济发展的关系。

第一节　经济发展理论中的制度因素

本节要点：经济增长理论及其发展脉络；制度在经济增长理论中的作用的三种不同认识。

一、经济增长理论及其制度因素

（一）经济增长理论的发展

1. 定义

在现代西方经济学中，“经济增长”是指一国生产能力的增加，即国民生产总值的增加或平均每人国民生产总值的增加。增长有绝对量和相对量之分，经济增长的绝对量是指本期的国民生产总值与上期国民生产总值的差额。经济增长的相对量是指经济增长的绝对量与上一期国民生产总值的百分比率，即经济增长率。

2. 经济增长理论的分类

自亚当·斯密以来经济增长一直是经济学家们关注的问题，但现代经济增长理论却始于凯恩斯革命，最早是20世纪40年代哈罗德和多马构建的经济增长理论模型。经济增长理论大致可分为三个方面的内容：

（1）哈罗德（R. F. Harrod）、多马（E. Domar）、索洛（R. M. Solow）、斯旺（T. W. Swan）和卡尔多（N. Karleor）等人建立的各种经济增长模型；

（2）丹尼森（E. F. Denison）等人在西蒙·库兹涅茨（S. Kuznets）的国民收入核算和分析的基础上，对于西方发达国家的经济增长因素所进行的分析；

（3）米香（E. J. Mishan）等人的经济增长所要付出代价的论点和麦多斯（D. H. Meadows）等人关于经济增长可能导致人类毁灭的增长有限的理论。

3. 发展脉络

（1）新古典增长理论：20 世纪 70 年代之前，西方占主导的经济增长理论是新古典增长理论，索洛—斯旺模型是索洛斯旺等人在修正哈罗德—多马模型基本假设的基础上构造的，该模型从要素投入和技术进步的角度考察经济增长，而将人口增长和技术进步看作是外生变量，这个模型在一定程度上解释了一些西方发达国家的增长实践，然而由于将技术外生化，存在无法解释技术在经济增长中的作用和地位，无法解释不同国家经济增长的巨大差异等问题。

（2）内生的增长理论：20 世纪 80 年代中期产生了以保罗·罗默和卢卡斯为代表的新增长理论，又称为内生增长理论，这一理论没有统一的模型，而是观点相同或相似的一系列模型。该理论从理论上说明了知识各国和技术进步是经济增长的决定因素，并对技术进步的实现机制做了详细的分析，对一些经济增长事实具有较好的解释力。新增长理论被认为有两个主要的缺陷，一是其模型都对假设条件有严格的设定；二是忽略了经济制度对经济增长的作用。由于在新增长模型中，经济制度作为外生变量存在，对经济增长起决定性作用的经济制度因素被排除出增长分析。

（3）新制度经济学：在大量的统计分析的基础上进行经济增长因素分析的经济学家们，如丹尼森等人的研究，在因素分析中逐渐对制度因素的重要性有越来越清晰的认识。

（二）制度因素在经济增长理论中的作用

美国经济学家西蒙·库兹涅茨在关于经济增长源泉的分析上强调了制度的重要性。他发现了制度在经济增长中的作用，1971 年接受诺贝尔经济奖时，发表演讲的题目就是《现代经济增长：研究结果和意见》。在演讲中他给经济增长下了一个比较完全的定义：一个国家的经济增长，可以定义为“不断扩大地供应它的人民所需的各种各样的经济商品的生产能力有着长期的提高，而生产能力的提高是建筑在先进技术基础之上，并且进行先进技术所需要的制度上和意识形态上的调整。”他认为这个定义的三个部分是相互联系、相互制约的。持续扩大商品的供应是经济增长的结果，这种丰裕情况应该是由于应用各种先进的现代化技术实现的；然而先进技术只是潜在和必要的条件，而不是充分条件；若保证先进技术充分发挥作用，必须有相应的制度和意识形态的调整。

二、经济增长理论中制度因素的不同地位和作用

（一）经济增长理论中制度不同地位的三种分类

根据对制度因素在经济活动和经济发展中的地位和作用，经济增长理论可分

为三种：

（1）制度因素被忽略不计。如哈罗德—多马经济增长模型、新古典经济增长模型、剑桥学派经济增长模型等就是将制度视为“自然状态”的一部分，因而制度被剔除掉了。在他们的模型中，制度不会发生变迁，它们或者是外生的，或者是一个适应于增长动态的变量。

一些经济学家之所以把制度省略或剔除掉有以下几个原因：第一，经济学家“分工”观念的产物。在一些经济学家看来，制度、规则、意识形态、法律、文化等应该留给政治学家、法律专家、文化专家们去研究。第二，在交易费用这类概念产生之前，经济学家们缺乏一种“范式”分析制度之类的问题。第三，第二次世界大战后，西方经济学家们研究经济增长问题主要是以发达国家为背景进行的。发达国家的制度问题显然没有在其发展初期或其他发展中国家的制度问题严重。与此同时，这些经济学家们主要关注的是短期的增长问题，而不是长期的增长问题。

（2）制度被视为外生的变量，但很重要。在经济分析中，一些经济学家视制度结构与制度变迁为给定的。认为制度变迁可能是重要的，且在社会经济发展过程中是不可缺少的，但其关键的基本假定是这些制度变迁与经济增长无关。

（3）新制度经济学家视制度为经济领域的一个内生变量，制度在长期经济增长的分析中至关重要。

（二）制度的重要性的认识

新制度经济学家们制度至关重要的结论，是经济分析和科学论证的结果。这个结论是建立在科学、历史与现实相统一的基础之上的，已为越来越多的经济研究者所认同。

（1）许多新的经济学科的兴起为制度至关重要的结论提供了理论基础。如比较经济制度、产权学派、交易费用经济学、契约选择论等都与制度分析有关。这些分支学科都论证了某一特定制度的重要性。而新制度经济学所讲的制度至关重要是从一般意义上讲的。

（2）新经济史学与发展经济学的分析突出了制度和制度变迁的重要性。经济史学家和发展经济学家一个从“史”、一个从“发展”角度考察了经济运行过程，他们从不同视角发现了制度至关重要。经济史学家从时间的角度回顾，经济在天赋要素、技术和制度上是不同的；偏好可能不同，但即使满足欲望的某几项东西变了，人的欲望的基本结构也会保持稳定的。诺思在 1993 年剑桥大学出版社出版的《政治制度与经济发展的关系》，分析了制度差异与经济发展，研究了“李约瑟之谜”及并试图对其加以破解。

第二节　新制度经济学与新发展经济学

一、新制度经济学与新发展经济学

（一）发展经济学对制度作用的分析

早期已有发展经济学家意识到了制度在经济发展中的重大作用。如刘易斯（Lewis，W.）在对经济增长源泉的分析中指出，技术进步是表层原因，而由土地制度、产权制度和专利制度等所激发的技术创新热情才是更为深层次的因素。他对二元结构的分析显然解释了发展中国家经济制度各方面的不均衡性。

缪尔达尔（Myrdal，G.）揭示了许多发展中国家贫富收入不均和经济停滞的循环累积因果效应的制度根源，认为只有进行农村土地制度创新，才能从恶性循环转向良性循环。

库兹涅茨（Kuznets，S.）对大量低收入国家的历史统计和罗斯托（Rostow，W.）对"传统社会"的分析，也体现了政治结构、法律体系及社会文化整合等方面的特征，指出了制度缺陷是发展中国家经济落后的根源。但是，在这些学者看来，制度是很难进行严格分析的范畴。他们描述、罗列了大量的现象，但并没在制度研究方面形成体系。

（二）早期发展经济学中的制度分析

1. 经济增长的三个主要因素

刘易斯在其代表作《经济增长理论》（1985年）中分析了影响经济增长的主要因素：人们从事经济活动的愿望、经济制度、知识、资本、人口与资源、政府等。深刻地揭示了人们从事经济活动的愿望与经济制度的关系。

刘易斯认为影响经济增长的直接原因主要有三个。

（1）从事经济活动的努力。这种努力包括降低成本和增加产出。它的表现方式有：进行试验或承担风险；职业或地域性的流动以及专业化等。如果没有作出这种努力，那么经济增长就不会发生。

（2）知识的增长及其应用。这个过程发生在整个人类历史中，但近几个世纪以来产量较迅速的增长显然是与生产中知识较迅速的积累和运用相关的。而知识的增长及其应用程度很大程度上取决于社会的知识产权保护制度。

（3）增长取决于人均资本和其他资源量的增加。

2. 经济增长的制度分析的特点

刘易斯制度分析的特点主要表现在以下几个方面：

（1）从发展中国家的现实出发，揭示了制度因素在经济增长和经济发展中的作用。刘易斯在把制度作为经济发展“内生变量”分析的时候，强调了它与其他因素（如资本、知识）的相互关系，这一点是颇有创意的。在长期经济发展过程中，把制度作为既定前提的方法（传统经济学），是无法解释为什么会出现经济发展以及不同国家的发展差异的。

（2）从经济发展的角度界定了制度的功能。刘易斯认为，“制度促进或者限制经济增长取决于制度对努力的保护，为专业化所提供的机会，以及所允许的活动的自由”。在刘易斯看来，“制度最重要的特征也许是它所允许的行动自由的程度”。

（3）强调了法律和秩序以及所有权在经济增长中的重要作用。刘易斯认为，维护法律和秩序是经济增长的一个首要条件，而且，许多社会之所以衰落，正是因为国家不愿意或无力保护财产的所有者不受盗贼或土匪的侵犯。刘易斯也认为，一旦所有的资源都变得稀缺时，对所有权的法律保护就会扩大到所有的资源。没有这种制度，人类无论如何也不会取得进步。因为所有权的存在及其有效保护是产生激励的动力源。

刘易斯在对制度与经济增长一致性的研究中得出了这样一个结论：制度对增长的促进取决于制度把努力与报酬联系起来的程度，取决于制度为专业化和贸易所提供的范围，以及制度允许寻求并抓住经济机会的自由。其实，刘易斯的这些结论与新制度经济学的一些结论有着惊人的相似。

（三）在发展经济学中引入制度分析方法

在20世纪80年代以后，短短的十几年内，新制度经济学分析方法已经引起了发展经济学家们的高度重视，制度内生的经济发展理论已成为发展经济学的一种流行的观点。

1. 新发展经济学的研究

（1）制度对经济增长至关重要。制度选择与经济发展的关系已经成为发展经济学的重要研究领域，有人把制度分析引入发展经济学称作发展经济学革命的重要组成部分。1957年，鲍尔与巴塞尔·S. 耶梅写了一本开创先河的著作《欠发达国家经济学》。本书打破了传统发展经济学的许多神话，并号召对比较制度进行研究，以考察哪些制度更有助于经济增长。鲍尔和耶梅并不是把非经济变量，如产权制度和非正规行为规则作为既定的变量，而是作为决定经济发展的重要因素。格莱尔德·斯库利在研究中发现：“制度结构的选择对经济效率和增长有深远的影响。与法律条例、个人财产、资源市场配置相结合的开放社会，与那些自由被限制和剥夺的社会相比，其增长率是后者的3倍，其效率是后者的

2.5倍。”

（2）人口和资本因素不是经济落后的主要原因。对于欠发达国家来说，人口因素和资本因素一直被当作经济增长的主要约束，鲍尔等经济学家研究表明，制度安排的缺乏才是根本的原因。鲍尔在仔细观察后得出结论（1976，P126）：“人口增长的加速和人口的压力并不是不发达国家贫困唯一重要的原因。”

著名经济学家乔治·A. 阿克劳夫（1970）把制度安排的缺乏看作是经济发展的主要约束。在历史上，一些国家有大量的钱闲置，由于缺乏一种制度，这些钱都没有用于生产和投资活动。法国历史年鉴学派的代表人物布劳代尔发现，一些国家历史上有许多钱并没有有效使用。鲍尔和耶梅批评在发展进程中对资本积累作用的过分关注而忽视社会和政治制度。他们指出，与其说发展依赖资本积累，不如说经济发展创造了资本。其实缺乏资本的主要原因是制度安排的缺乏。

2. 新发展经济学与新制度经济学

新发展经济学与新制度经济学在关于发展的实质看法上基本上是一致的，那就是发展实质上是更有效利用资源的制度变迁过程。如詹姆斯·A. 道、史迪夫·H. 汉科等指出的那样：“在正规的完全竞争模型下，许多发展‘专家’们忽视了现实，忽略了产权和市场价格在发展进程中的作用。恰当的经济推理被社会工程化和过于简单的模式所替代，这种模式强调了资本积累和外援是经济增长的决定性因素，但并没有把对资本有效利用和动态贸易收益至关重要的制度体系考虑进去。”著名发展经济学家彼特·鲍尔在《关于发展的异议》中指出：“经济成就的取得主要取决于人们的能力和态度，也取决于他们的社会政治制度。这些决定性因素的差异在很大程度上可以解释经济发展水平和物质进步速度的快慢。”

二、经济制度与经济发展

（一）制度在经济发展中的作用

1. 制度是经济增长的决定因素

诺思对制度的重要性的研究。道格拉斯·C. 诺思通过对历史的考察发现。首先，认为没有投入要素的增加，而只有制度创新的情况下也能产生经济增长。由此诺思指出在没有发生技术变化的情况下，通过制度创新亦能提高生产率和实现经济增长。

其次，认为有效率的经济组织是增长的关键因素。诺思与托马斯在《西方世界的兴起》一书中，在对欧洲经济发展的历史做了重新的考察的基础上，批驳了那种把近代欧洲经济高速增长的原因归结为是产业革命的结果的传统观点。认为产业革命所包含的技术创新、规模经济、教育发展和资本积累等现象，本身就是经济增长，或者说，产业革命不是近代欧洲经济增长的原因而是其结果，真正决定性的原因是私有产权制度的确立。因此，有效的制度安排是经济增长的关键。诺思和托马斯从制度角度论证了西方世界兴起的奥秘所在，得出的结论是，“制度提供了一种经济的刺激结构，随着该结构的演进，它规划了经济朝着增长、停滞或衰退变化的方向”。

2. 产权和交易费用为核心的制度分析

诺思认为建立产权体系的意义在于：简化了交易，节省了人力和社会资源，有利于提高社会财富；节省了交易费用。

诺思的产权演进理论可归结为降低交易费用的制度变迁。也就是说，一种产权制度的创新才产生足够的激励机制和降低交易费用，然后才有总产出的提高，经济增长的过程就是不断出现新的降低交易费用的产权制度的过程。产权制度的不同在于保障个体或集体占有、使用、转让、分享他们努力成果方面的专有程度、明晰程度和自由流动性程度的不同。那么，个人的所有权越高、明晰程度越强以及流动性越大，对个人的激励越显著，结果经济增长的动力越大，所谓私人成本接近社会成本也就是一个逐步实现彻底所有权个体专有化的过程。

3. 有效率的制度与无效率的制度

（1）什么样的制度才是有效率的呢?

按照诺思的观点，首先，能够使每个社会成员从事生产性活动的成果得到有效的保护，并最大限度地消除人们“搭便车”（free ride）的可能性。

其次，能够给每个社会成员以发挥自己才能的最充分的自由，降低交易费用，从而使整个社会的生产潜力得到最充分的发挥。当一项制度在不减少社会收益的同时，使得私人收益超过了私人成本，个人通常愿意从事能引起经济增长的活动。

（2）无效率的制度特征。

无效率的制度的特征是不能够使每个社会成员从事生产性活动的成果得到有效的保护，不能使个人收益和社会收益趋于一致，降低人们对生产性活动的积极性，产生大量的“搭便车”现象。而且无效率的制度也使广大社会成员从事生产活动的自由受到了不合理的限制，同时存在着某些特殊利益集团进行寻租行为，把大量的资源引入寻租领域，从而降低整个社会的生产效率。

（3）人们为什么会选择无效率的制度呢?

诺思提出有两个普遍的原因：一是缺乏技术阻止“搭便车”现象及负的外部性的产生；二是对任何团体和个人来说，创造和实施所有权费用可能超过收益。同时诺思指出，“政府的财政要求可能导致对某些不是促进增长而是阻碍增长的所有权的保护，因此我们不能担保一定会出现生产性的制度安排”。

随着新制度经济学及其他学科的发展，诺思进一步的研究对这个问题作出解释：

（1）专制制度的存在。统治阶级的利益高于社会大多数人的利益。当两者的利益不相容时，后者的利益要服从前者的利益。诺思认为，统治者为了他们自己的利益会修正产权，而由此造成的较高的交易费用会导致很普遍的无效产权，这就解释了历史进程中和现在广泛存在的不导致经济增长的产权。

（2）不完全信息和主观主义。诺思认为“行动者常常根据不完全信息行事，并且他们常常通过想象来处理信息，这样就可能导致无效的路径”。

（3）相对价格的变化。一种制度在建立之初，可能是有效率的，但是随着社会的发展和相对价格的变化，即随着社会条件的变化，这种制度也可能逐渐变成无效率的。

（二）制度变迁与长期经济发展

1. 制度创新与路径依赖

（1）诺思等使用了均衡分析框架来分析制度创新。他们认为制度创新是制度从非均衡到均衡的演变过程中，通过创新活动，创新者或创新集团取得因制度变革带来的潜在利益。在市场规模扩大、生产技术发展及由此引起的一定集团或个人对自己收入的预期的变化等因素的作用下，当预期收益超过预期成本时，一项新的制度安排就会被创新。现有制度与新的制度安排之间可能存在的利润差称作“外部利润”，在新制度条件下，这些利润实现后，制度达到一个均衡。制度在均衡—非均衡—均衡的不断循环中推动经济增长。

（2）进行制度分析还需要注意以下几点：①制度必须与其他因素结合起来分析，单方面的强调制度因素也是不可取的。②制度因素对经济发展的促进作用也有一个生命周期问题，制度会出现“制度瓶颈”，没有永远适应经济发展的永恒制度。③制度从外生变量转变成一个内生变量是制度学派的一个贡献，制度也是一个稀缺性因素，当经济发展中的制度是一个瓶颈因素的时候，制度创新或制度变迁都会带来经济的发展。

（3）路径依赖与经济发展。诺思关于制度变迁具有路径依赖（path dependence）性质的论述是对长期经济变化作分析性理解的关键。

路径依赖决定了制度变迁和经济增长的方向和强度。在制度变迁如同技术变迁一样也存在着报酬递增和自我强化的机制（关于这一点在前面的章节中已论述），这种机制使制度变迁一旦走上了某一条路径，它的既定方向会在以后的发展中得到自我强化。诺思指出，“人们过去作出的选择决定了他们现在可能的选择”。沿着既定的路径，经济和政治制度的变迁可能进入良性循环的轨道，迅速优化；也可能顺着原来的错误路径往下滑；如果弄得不好，它们还会被锁定（lock in）在某种无效率的状态之下。一旦进入了锁定状态，要脱身就会变得十分困难，既有方向的扭转，往往要借助于外部效应，如引入外生变量或依靠政权的变化。

竞争性的、完全的市场制度变迁是良性的。新制度经济学的分析表明，只要随之而来的市场是竞争性的、完全的市场，制度变迁的轨迹将是有效的，经济长期运行的轨迹也是有效的，即经济总会保持增长的势头。反之则会使制度变迁的轨迹呈现发散的状态，并使无效的制度保持下去，从而贫困的发展实绩不可避免。

（4）诺思路径依赖的两种极端情形：

诺思路径依赖Ⅰ：一旦一种独特的发展轨迹建立以后，一系列的外在性、组织学习过程、主观模型都会加强这一轨迹。一种具有适应性的有效制度演进轨迹将允许组织在环境的不确定性下选择最大化的目标，允许组织进行各种试验，允许组织建立有效的反馈机制，去识别和消除相对无效的选择，并保护组织的产权，从而引致长期经济增长。

诺思路径依赖Ⅱ：一旦在起始阶段带来报酬递增的制度，在市场不完全、组织无效的情况下，阻碍了生产活动的发展，并会产生一些与现有制度共存共荣的组织和利益集团，那么这些组织和利益集团就不会进一步进行投资，而只会加强现有制度，由此产生维持现有制度的政治组织，从而使这种无效的制度变迁的轨迹持续下去。这种制度只能鼓励进行简单的财富再分配，却给生产活动带来较少的报酬，也不鼓励增加和扩散有关生产活动的特殊知识。结果不仅会出现不佳的增长实绩，而且会使其保持下去。

2. 制度变迁与技术变迁

（1）没有制度保障，技术引进是徒劳的。制度变迁比技术变迁更为优先且更为根本。诺思和托马斯在《西方世界的兴起》一书中认为制度比较优势比其他要素的优势更重要。一些发展中国家花了不少钱从发达国家引进先进的技术，但是由于缺乏相应的制度环境，这些先进的技术并没有发挥应有的作用，有的甚至是低效使用，还给这些国家带来沉重的债务包袱。

（2）美国的成功在于制度的先进。小阿尔弗雷德·钱德勒在一个范围不很广的研究中论证到，美国工业于20世纪五六十年代发生的管理革命，同它对技术变迁可能实现的潜在规模经济的经济收益的回应相比，它更多的是由市场机会扩张所诱致的制度变迁的产物。钱德勒论述道，由这些结构性创新所导致的制度效益的收益，又创造了一种传导技术创新的环境。在他看来，美国工业中的规模经济更多的是制度创新的产物，而不是技术变迁的结果。

3. 禀赋在制度变迁和经济发展中的作用

（1）初始禀赋在新制度安排及经济发展中的作用。所谓初始禀赋包括天气、地域、植物、动物和矿产，它们的差异产生了各个原始部落不同的从制度和技术变化中获利的机会。随着经济发展并持续，其影响力会逐渐减弱。在经济发展过程中人们通过智慧传递、科学创造和物质投资来增加禀赋，禀赋的增加和改变使持续的经济发展模式更少依赖初始禀赋，从而提高了经济中内生因素增长的相对重要性。同时经济发展的持续也减少了禀赋的来源地对禀赋的使用地区和使用者的控制。

（2）德姆塞茨分析了初始禀赋、禀赋、制度变迁和经济增长的关系是：

首先，制度变迁与它预期能产生的回报相关，资源禀赋是影响制度预期回报的一个因素。

其次，在经济发展过程中，制度是在非制度因素（如资源禀赋）的背景下起作用的。

再次，随着制度的产生、成熟和消亡，每一代从所获得的禀赋中都包含了从过去历史继承下来的制度，因此制度成为更广泛定义的资源禀赋集合中的一部分，并且随着时间的推移越来越重要。

最后，人类在刚摆脱原始状态时只拥有少数制度安排，因而在发展的早期，资源禀赋很大程度上控制了经济发展的时间和模式，随着经济的发展，更大的并经过更多实验的制度集合出现，从而影响了以后经济发展的时间和模式。这就是说，在开始阶段，制度对经济发展的作用可能很小，但在现在和以后的作用可能更大。

小结：禀赋的提出从另一个角度研究了制度变迁如何促进经济的长期发展，其模式是：初始禀赋（以自然资源为主）——经济发展，新制度产生发展和消亡——旧的制度并入禀赋作用于经济发展，新制度继续产生发展和消亡。

这个过程周而复始，每个阶段的经济发展都在原有的禀赋上进行。这也就是一个制度变迁和经济发展的路径依赖问题，但值得注意的是，这种提法更清楚地说明了路径依赖的程度的变化，当禀赋越来越多时，对它的依赖也就越来越强，它对经济发展的影响也就越来越大。而制度的影响也可以从禀赋的内涵说明，随着经济的发展，禀赋从以包含自然资源为主到包含由制度转化的资源占越来越多的比重。

4. 经济发展与制度变迁的稳定性和连续性

制度变迁的稳定性和连续性的特征决定了它对经济发展的作用和机制。

（1）制度变迁具有相对稳定性。这种稳定性主要来自规则和习惯的相对稳定性，尤其是习惯并不会与规则同步变迁，由此会产生粘滞的稳定性，但这种稳定性并不否定制度变迁的可能性。

诺思认为变迁一般是对构成制度框架的规则、准则和实施的组合所作的边际调整。所谓边际是指，执行规则的成本限制了规则的适用范围，执行成本越高，规则的边际就越大。在边际上，规则的执行成本通常很高，使得它实际上不起作用，而习惯在此发挥了协调作用。习惯即非正式规则，之所以取代正式规则是因为这时习惯的动作成本小得多，行为可以在边际上逃避规则的约束。

因此诺思认为日常大量的制度变迁即是边际上连续发生的非正式规则的变迁，而正是这些缓慢无形的变迁造成了人类历史中有限的几次正式规则的重大变迁。

稳定性可能是停滞的根源。诺思对出现长期停滞的现象给予了这样的解释：一个制度框架的总体和定性使得跨时间和空间的复杂交换成为可能。但这种稳定性不一定是实现效率的一个充分条件。也就是说，一个长期稳定的制度结构可能是无效的，所以会出现长期停滞。

（2）制度变迁的连续性。诺思区分了连续变迁和不连续变迁，一般说来制度变迁是连续渐进变迁；非连续变迁是指规则变迁的根本改变，发生这种变迁的条件是出现革命和武力征服。

我们认为后者是经济发展中的非常态，前者是经济发展过程中的常态，因此制度变迁对经济发展的作用和机制是以渐进连续为主。集体学习（collective learning）和非正式规则的研究的拓展使制度变迁体现出某种连续渐进特征，成为与经济发展紧密相连的过程。

诺思运用集体学习的研究探讨制度变迁对经济发展作用中的机制，所谓集体学习是动态地获取、积累、筛选和传递知识的过程。跨越时间的集体学习作为一个文化积淀和观念调整的过程，它不断改变人们对于机会、选择和制度合法性的认识，产生制度变迁的持续动力：

一方面，集体学习是人类生产知识与制度知识的积累沉淀，是非正式规则的缓慢累积，它决定了制度变迁是渐进的过程。一个经济中制度变迁是由制度与组织的相互作用完成的，制度是博弈规则，组织则是博弈者，每个组织的集体学习所积留下来的非正式规则构成制度框架中的重要组成部分。正式规则的边际上是由集体学习和非正式规则在发挥协调分工的作用，只有当集体学习过程中产生观念转变时，非正式规则在边际上的连续变迁才会形成正式规则的变迁，由此改变经济发展的秩序和结构特征。

另一方面，现行制度对集体学习提供的保障和诱导决定了集体学习对经济发展构成的实际影响。从集体学习到经济发展的转化不是自发实现的，尽管人类的集体学习是持续不断的，但其速度与方向却差异很大，要想促使人们更多地从事现代经济发展所需要的那些学习，就要依靠适当的制度安排来矫正集体学习的方向。因此集体学习所产生的思想模式是人们解释环境的内在框架，而制度安排是个人制造出来的规范和控制环境的外在机制，正是通过制度的作用，集体学习才得以保留并固定下来，以意识形态和信念体系的形式存续，有效地影响经济发展。

（三）制度差异与经济发展

1. 制度绩效的衡量

目前关于制度绩效的量化分析主要有以下几种方法：

（1）案例分析。如对一些重大的制度变迁在能排除其他因素的情况下，可以对某一制度变迁或制度创新的绩效进行量化分析，如对庄园制（诺思）、船运制度（诺思）、奴隶制度（巴泽尔、福格尔）等制度绩效的分析。这一分析是比较成功的。

（2）模型分析。如运用现代经济分析模型对制度变量的经济绩效进行分析，但制度不同于一般商品，难以给予准确的定义和模型化，而且由于制度变迁通常过程漫长，因此统计资料一般不完备，尽管新经济史学在一定程度上弥补了这个缺憾，但仍然难以进行严谨的计量分析。

2. 制度促进一国经济发展可以从两个层面分析

（1）从宏观层面来看，主要表现为一国有效的制度环境及制度安排大大地减少了交易中的不确定性，降低了社会经济活动的交易成本。

（2）从微观层次来看，主要表现为有效的制度能解决激励和约束两大市场经济中的基本问题。制度包含着激励与约束的双重功能。制度瓶颈使发展中国家的各种要素难以通过市场机制有效地配置，在我国市场化改革过程中，我们最缺乏的就是具有激励功能和约束功能的制度。

3. 计划经济体制与市场经济体制经济绩效差异研究

美国马里兰大学的两位经济学家默瑞尔和奥尔森指出，为更准确地衡量一国经济的真实绩效，需要考虑其实际人均国民收入增长率和潜在人均国民收入增长率的差距，即良好的经济绩效意味着一国能尽可能地挖掘该国经济增长的潜在能力，缩小其实际人均国民收入增长率和潜在人均国民收入增长率的差距。

结论：计划体制的绩效不如市场体制。

在1965—1980年间，市场经济国家人均国民收入增长率和潜在增长率的差距（1.76%）和上一时期（1.74%）相比基本相同。但计划经济体制国家人均国民收入增长率和潜在增长率差距从上期的1.62%扩大到2.48%，市场经济国家的差距仅扩大了2%，而计划经济国家的差距则扩大了86%。

宏观层次上的制度差异的分析

诺思在《西方世界的兴起》一书中，通过法国和西班牙的失落、荷兰和英国的经济增长的历史案例，对制度差异对经济增长的影响作了生动的比较。

诺思和托马斯认为这是四个国家的所有权结构差异造成的。法、西的衰落是因为它们没有创建一套提高经济效率的所有权制度，而荷兰和英国却发展了有效的经济组织：

（1）“在法国和西班牙，君主制逐渐夺取了代议制机构的权利，发展了一套税收制度和标准，这套税收制度提高了地方性和地区性的垄断，抑制了创新和要素的流动性，导致生产性经济活动在法国相对下降和西班牙绝对下降”。

（2）荷兰在这期间更新了所有权体系，较明确和排他性的个体所有权受到社会的承认和法律的保护。诺思从搜寻费用、谈判费用和实施费用三项考察了荷兰的交易费用情况，发现荷兰的商品市场和资本市场都是有效率的。永久性的大交易所降低了成本搜寻费用，标准的交易方式降低了成本谈判费用，法院和政府公证人使用权实施费用降低和提高了实施合同的效率；同时有利于资本所有权的制度也被创新出来。这些都保证了荷兰成为第一个达到真正意义上的持久经济增长的国家，其繁荣和较高的人均收入持续了几个世纪。

（3）18世纪的产业革命发生在英国是由于当时的所有权结构远远比以前的或其他地方的更有利于发明的产生和大规模的推广，所有权的法律结构是这次革命的真正原因。

在历史中寻找不同制度产生不同的经济绩效的案例很多。

微观层次上的制度差异

微观层次的制度差异包括企业组织制度、管理制度等的差异，我们以下例来说明。

发展中国家与发达国家的差异并不仅仅主要表现在财力和科技水平，新制度经济学的分析表明，制度也是一个至关重要的因素。哈比逊早在20世纪50年代就指出了组织的差异造成了劳动生产率的巨大差异。他指出50年代埃及的工厂在工艺技术上和美国的工厂相同，但其劳动生产率却只是美国的1/6到1/4。他把这种差异归因于组织的质和量：埃及的“管理资源稀缺，管理方法极其原始”。

4. 经济全球化中的制度竞争

（1）随着经济的全球化，国与国之间的竞争越来越表现为制度的竞争。在当今经济一体化的世界里，当资本、技术、劳动力、信息等能在世界更自由流动时，但是作为经济发展的制度因素却难以转移，这是因为其具有专用性质，即使发展中国家能强制性地照搬发达国家的某一制度，但这种制度移植往往变形，甚至低效，有的还比不上原有的制度。尽管许多移植的制度增进了对产权的保护，但没有理由相信殖民地移植制度可以自动生效。过去人们往往从技术、资本、劳动力、自然资源等有形因素去比较不同国家的发展差异，而忽视了制度、价值观、意识形态等无形因素对经济发展的影响。

（2）制度比较优势比其他要素的优势更重要。制度好象是软的、看不见的、无形的，但是它对一个国家的竞争力的影响、经济发展的影响、人民福利的影响却是实实在在的，不可低估的。有人讲，如果发展中国家出现内乱和不重视人才的现象，那么美国的资金和人才就增加。美国以它市场经济制度的优势吸纳了世界不少国家的资源（尤其是人力资本）。

（3）发展中国家和发达国家的差异最主要的是制度上的差异。德索托在考察了多个拉丁美洲和非洲地区发展中国家的经济发展史之后得出一个结论，资本主义在很多发展中国家没能成功的原因并不是因为没有启动资本，而是因为没有能够长期促进和保障资本积累的法律制度环境（详见《资本的秘密》）。换言之，不是因为没有钱，而是因为没有促进和保障钱生钱的制度。国与国之间的竞争，地区与地区之间的竞争，从表面上看，是产品的竞争，是技术的竞争，是人才的竞争，但在这些竞争的背后都包含着制度的竞争。

（4）发达国家以利用其制度优势在国际贸易中处于有利地位，并形成了国际贸易中的“制度歧视”。目前，一些跨国公司正在利用知识产权抢占我国高新技术产业市场。据统计，从表面看，这是一种技术上的竞争，但实质是知识产权制度的竞争。

结论：国与国之间的竞争、地区与地区之间的竞争实际上是制度的竞争。这主要表现在有效的制度安排可以大大地降低这个地区的交易成本，吸引更多的生产要素流入这个地区，有效的制度安排还可以大大地提高要素使用的效率。谁的制度好，资源就会流向那里。人才、资金及技术等都会流向那些制度环境好的地方。我国在加入WTO后，制度竞争对于我们的挑战已更加明显。认识制度的重要性，是我们寻找一种好制度的前提。

三、政治文化制度与经济发展

(一) 政治制度与经济发展

1. 阿罗定理表明，真正的民主政体是不存在的

国家的政治法律制度通过对经济自由度和个人行为特征的制约，作用于经济发展从而影响绩效。阿罗研究了是否存在一种民主的政治制度可以满足不同个人的经济需要。他认为假如大家没有对自己偏好进行分类的共同标准，又假设两个以上的投票人和选择项，那么人们不可能制定出达到一致的集体选择的投票程序，这就是阿罗不可能定理。阿罗定理表明，真正的民主政体是不存在的，也是不可能存在的，多种现行政治制度的经济效应主要是负面的。

2. 公共选择理论认为良好的政治法律制度是经济发展的重要保障

公共选择理论将经济学分析用于政治过程，其代表人物布坎南在《自由的限度》中表达了这样的思想：我们时代面临的不是经济方面的挑战，而是制度和政治方面的挑战。良好的政治法律制度是经济发展的重要保障。

布坎南等人认为：①经济人假设在政治领域内同样是有效的，政治家是利益最大化的理性主体，交易同样是政治领域中最基本的观点。②在立宪秩序分析上，公共选择的规则是立宪秩序的重要组成部分，布坎南、塔洛克等人通过投票悖论说明，在现代民主制下，少数服从多数的原则并不总是有效的，也并不总是合理的。

奥尔森则通过“集体行动的逻辑”说明：在大多数情况下，多数集团由于机会主义和“搭便车”心理困扰，往往不容易为共同利益作出努力，反而会受到少数集团的控制甚至利用。因此，公共选择理论认为由于政府和公共部门的垄断性质和经济人性质，政治家追求的利益是扩大政府规模和预算规模，加强政府控制，使政治生活中充满腐败、寻租和利益集团的游说，结果导致政府运作效率低下。

(二) 文化制度与经济发展

1. 文化制度影响人的行为的表现

文化的作用也日益为新制度主义者重视。如诺思指出的，新制度经济学不仅寻求在给定一系列制度下的个人选择给予解释，更为重要的是寻求这样一种方法：即个人信仰和选择影响自身制度演进的方法。

(1) 非正式规则对人们经济行动的约束，从而影响经济发展。这是文化制度对经济发展影响的一种表现。

(2) 以道德伦理观为主体的社会精神对人们价值取向的影响。斯密最早对此作出解释，他认为财富增长不是以道德沦丧为代价的，经济生活中表面上的混乱无序可以通过市场主体的自我矫正而导向有序，结果是每个人都较以前更加富裕，而不是尔虞我诈，损人利己。刘易斯提出了相关的观点，认为文化与企业家精神有关、与影响经济增长的广泛的社会、政治问题有关，尤其是作为文化的重要组成部分的宗教影响着人们的储蓄习惯、对待风险的态度、诚实度和理性，从而与经济发展密切相关。

2. 文化与发展的关系

文化不仅通过影响制度的生成而间接影响经济发展，而且在有些情况下，文化甚至直接对经济发展起作用。关于文化与发展的关系，著名的社会学家马克斯·韦伯（Max Weber）的《新教伦理与资本主义精神》《中国宗教：儒教与道教》中就有了精辟的论述。

（1）西方资本主义文明：他所说的“资本主义精神”实际上是含义丰富的文化范畴。西方典型的精神观念，即时间就是金钱、信誉就是金钱、金钱应该用于增殖、善于付给别人钱的人是别人钱袋的主人等。这种哲学对人类行为具有强大动力，它不仅是为取得经济成功的手段，而且是一种特殊的伦理规范。他认为正是这种道德观念使得西方形成了理性资本主义经济制度，建立了有规则的市场，使人们合法地追求利润或效用的最大化，从而造就了西方资本主义文明。

（2）东方社会的文化制度制约了资本主义的发展：而在中国和印度等东方社会，资本主义萌芽之所以未得到发展，也正是由于缺乏适宜的具有资本主义理性的文化制度相支持。

（3）非正式规则中的习俗惯例的形成与其产生的文化背景密切相关：知识、信息、价值观念及其他影响人们行为的因素通过“集体学习”代代相传，这个过程蕴含了大量非正规规则的形成和信息的传递，体现了文化与经济发展之间的动态关系。

四、李约瑟之谜：工业革命为什么没有发源于中国

（一）李约瑟之谜

许多历史学家都承认，至14世纪，中国已经取得了巨大的技术和经济进步，它已到达通向爆发全面科学和工业革命的大门。可是，尽管中国早期在科学、技术和制度方面处于领先地位，但中国却并没有再往前迈进了。因而，当17世纪后西方的技术进步加快之后，中国却远远落后了。1840年鸦片战争后，中国就一直被光荣的历史回忆和现实落后的屈辱所困扰。李约瑟博士将这样一个矛盾归纳为具有挑战性的两难问题：第一，为什么中国历史上一直远远领先于其他文

明？第二，为什么中国现在不再领先于外部世界？

（二）“李约瑟之谜”的破解

1. 中国是“官僚体制”

中国是“官僚体制”阻碍了重商主义价值观的形成。此一制度的存在主要是为了维护灌溉体系的需要；而欧洲是“贵族式封建体制”，这种制度非常有利于商人阶层的产生，当贵族衰落之后，资本主义和现代科学便诞生了。中国的官僚体制最初非常适宜于科学的成长，然而，它却阻碍了重商主义价值观的形成；所以，它没有能力把工匠们的技艺与学者们发明的数学和逻辑推理方法结合在一起。因此，在现代自然科学的发展过程中，中国没有成功地实现从 Vin Cian 时代向伽利略时代的过渡。因此中国就开始落后了。

2. 统一的意识形态

钱文源等人认为，帝国的统一和意识形态的统一阻碍了现代科学在中国的成长。

3. 科举制度的激励结构

（1）科举制度使知识分子无心从事科学研究。林毅夫认为，中国没有成功地从前现代时期的科学跃升到现代科学，根源是由于中国的激励结构使知识分子无心从事科学事业，尤其是做可控实验或对有关时自然的假说进行数学化这类事情。林毅夫具体地强调了，既不是儒家伦理、政治意识形态的统一，也不是科举制度本身抑制了中国的天才们发起一场科学革命，真正起阻碍作用的，是科举考试的课程设置和其激励结构。但中国历史上的科举制度对世界文明作出了重大贡献，是堪与物质领域中的四大发明相媲美的贡献。从对世界文明的影响来说，科举制可称之为“中国的第五大发明”。（刘海峰，《探索与争鸣》1995. 8）

（2）科举制度使投资现代科学研究的人力资本不足。林毅夫分析了不同历史时期技术发明的模式：前现代时期，大多数技术发明基本上源自于工匠和农夫的经验，科学发现则是由少数天生敏锐的天才在观察自然时自发作出的。此时，一个社会中人口愈多，经验丰富的工匠和农夫就愈多，社会拥有的天才人物就愈多，因而社会的科学技术就愈先进。所以说，中国在前现代由于人口众多，在这些方面占有比较优势。

到了近代，技术发明主要是在科学知识的指导下通过实验获得的；科学发现则主要是通过以数学化的假说来描述自然现象以及可控实验方法而得到的，当然，这样的工作只有受过特殊训练的科学家才能完成。中国在现代时期落后于西方世界，这是因为中国的技术发明仍然还靠经验，而欧洲在 17 世纪科学革命的时候就已经把技术发明转移到主要依靠科学和实验上来了。而中国没有成功地爆发科学革命的原因，大概在于科举制度，它使知识分子无心于投资现代科学研究所必需的人力资本，因而，从原始科学跃升为现代科学的概率就大大减低了。（林毅夫著《制度、技术与中国农业发展》，上海三联书店 1994 年版，第 271—272 页。）

4. 中国缺乏发生工业革命的制度安排

（1）中国自古是一个国营主导型社会，没有建立真正的私有产权体系。有人认为，18 世纪末英国发生工业革命的所有主要条件在 14 世纪的中国几乎都存在了。但是这个判断可能忽略了最主要的条件，那就是中国当时没有建立起一套有效的保护创新、调动人的积极性的产权制度。中国自夏商周以来，就是一个国（官）营主导型经济社会，在中国奴隶社会一直是国有土地制，秦汉以后至明清年间的封建时代，土地国有制也是主导的形式。与此相应，官营手工业在奴隶、封建时代也主宰着当时的工商业的社会，在鸦片战争以后至建国前，近代商品经济在外来影响下开始发展，但主导的也是官办或官商合办、官督民办形式，也就是官僚资本。

（2）西方对私有财产的保护早就有之。西方在公元前 8—6 世纪，古代斯巴达也盛行过奴隶制国有经济，但雅典国家则较早出现了非国有的民间经济，德拉古成文法和梭伦改革，主要目的就是维持私有财产制度。到马其顿国王统治希腊各城邦时期，私有财产不可侵犯已成为基本律令。

（3）工业革命是与有效的产权制度联系在一起的。工业革命只不过是经济增长现象的表现形式。为什么现代意义上的增长首先发生在荷兰和英国呢？

到 1700 年，英格兰制度框架为增长提供了宜人的环境：产业管制衰减和行会权力下降促进了劳动力流动和经济活动的创新；合股公司、存款银行、保险公司降低了资本市场交易成本，鼓励了资本流动；更重要的是，议会的最高权威和纳入共同法中的财产权利，把政治权力赋予那些渴望开拓新机会的人，并且为保护和鼓励生产性活动的立法体系提供了基本框架。

除了上述因素以外，还有一个很重要的因素，那就是英国还率先建立了鼓励创新和鼓励技术发明的专利制度。1624 年诞生的《独占法》是英国的第一部专利法。早期人类的技术创新是缓慢的、间断的。其中主要的原因在于对于发展新技术的激励仅仅是偶然的。通常，创新可以被别人无代价地模仿，而发明创造者得不到任何报酬。建立一个能持续激励人们创新的知识产权制度十分重要。如诺思所说，就像我们在现代世界所见，改进技术的持续努力只有通过提高私人收益率才会出现［（美）道格拉斯·C. 诺思著《经济史中的结构与变迁》，上海三联书店 1991 年版，第 186 页]。总之，技术进步率的提高既源于市场规模的扩大，又出自发明者能获取他们发明收益的较大份额的可能性。

(4) 英国在进行工业革命以前已建立了包括专利制度在内的有效所有权体系了。在前现代时期，如林毅夫所说，技术发明是人口的函数，人口越多，能工巧匠也就相应增加，而且这个时候的发明大多数是自发的、零星的、非盈利的。这时候除了父传子、师傅传徒弟这种“保密”措施以外（这种“保密”可算作专利制度和知识产权保护制度的萌芽），人类还没有专利制度和知识产权制度。进入现代时期后，技术发明和科学发展的进程发生了几大变化：一是发明方式的变化，即由经验型转向了试验型，实际上是组织形式的变化（试验室制度是技术史上的一个重大制度变迁）；二是发明与市场、盈利、风险、成本等因素联结在一起了，它还与产业化联系在一起。

发明创新已成为一种职业。所有这些变化都要求有较完善的产权（包括知识产权）制度，使发明者的私人收益率不断接近社会收益率。英国在进行工业革命以前已建立了包括专利制度在内的有效所有权体系了。中国在 14 世纪之所以没有发生工业革命，关键就在于没有建立有效的、刺激人们创新的并把风险降到最低限度的产权体系（包括私有产权、专利制度以及知识产权保护制度）。

在西方理论界有关于知识的两个假设——科学知识就其本性是“不排他的”(Norivalry)，但就其产权而言可以是“部分排他的”(partially excludable)。

第三节　制度移植与经济发展

本节要点：制度移植的含义、原因和方式；影响制度移植的因素；发展中国家制度移植的绩效分析。

一、为什么会产生制度移植

(一) 制度移植的定义和方式

所谓制度移植就是制度（或规则）从一个国家或地区向另一个国家或地区的推广或引入。制度移植在发展中国家的制度变迁中占有相当大的比重。如拉丁美洲国家 90% 的制度是从欧美国家移植的。

对于一个国家来讲，制度变迁的途径主要有两个：一是制度创新，二是制度移植。

发展中国家对于发达国家的制度移植有两种情况：①主动移植。如现在一些转型国家从发达国家学习有利于经济发展的制度（规范）。②被动移植。如殖民时期的制度移植。各国制度的不同在很大程度上可由制度传播解释，制度起源决定了制度间的区别。

（二）制度移植的原因

1. 制度与制度之间的竞争引起制度的移植

人们往往把先进国家的经济发达与其制度联系起来，于是会产生一种示范效应，接着是模仿与学习。有效的制度可以大大地促进一国经济发展，这种示范效应是制度移植的一个重要原因。那些具有制度优势的国家也有一种输出制度的动力。

尽管国与国之间、地区与地区之间的制度的竞争看不见、摸不着，但却客观存在，并且愈来愈激烈。21世纪世界的竞争将是制度之间的竞争。谁的制度好，资源就会流向那里。国与国之间的竞争压力以及制度差异导致的经济绩效的差异已经被越来越多的发展中国家所认识，这是发展中国家制度移植的重要原因。

2. 制度移植可以降低制度变迁的成本

在发展中国家，与经济发展相适应的制度供给不足是一种较普遍的现象。为什么制度供给不足？影响制度变化供给的因素有：宪法秩序、现存制度安排、制度设计成本、现有知识积累、实施新安排的预期成本、规范性行为准则、公众态度、上层决策者的预期净利益等。

从成本的角度来讲，以正式制度安排为例，制度供给的成本至少包括：①规划设计、组织实施的费用；②清除旧制度的费用；③消除制度变革阻力的费用；④制度变革及其变迁造成的损失；⑤实施成本；⑥随机成本。这些成本的存在会制约发展中国家的制度创新。制度安排的供给还受实施上的预期成本的影响。制度从潜在安排转变为现实安排的关键就是制度安排实施上的预期成本的大小。一些好的制度安排因实施的预期成本太高而无法推行。对于发展中国家来讲，除了制度创新的设计成本制约一国制度创新以外，更重要的是新制度的预期收益往往是不确定的，这就加大了制度创新的成本，而从发达国家移植一种较成熟的制度则可以大大地降低成本与风险。

3. 一些制度在世界范围内有共同性

对于制度输出国来讲，同一制度可以大大地扩大其市场范围降低交易费用。许多制度规则是人类共有的，这些规则可能在一些国家先创立起来，没有这个规则的国家没有必要重复创新，制度移植是一个有效的途径。市场经济的许多规则在市场经济国家都是通用的，这些规则经过实践检验证明是有效率的。

二、制度移植及其制约因素

(一) 制度的可移植性

1. 制度移植可降低制度变迁成本

许多发展中国家在市场化改革的过程中就移植了一些西方国家有关市场的规则，这就大大降低了正式制度创新和变迁的成本。制度引进可以扩大制度选择集合，通过借用其他社会制度安排来完成本社会制度变迁的可能性，极大地降低了在基础社会科学研究方面的投资费用。

2. 制度的可移植性取决于“输入国”对制度的相容程度

从制度的可移植性来看，一些正式规则尤其是那些具有国际惯例性质的正式规则是可以从一个国家移植到另一个国家的。而非正式规则由于内在的传统根性和历史积淀，其可移植性就差很多，一种非正式规则尤其是意识形态能否被移植，其本身的性质规定了它不仅取决于所移植国家的技术变迁状况，而且更重要的取决于后者的文化遗产对移植对象的相容程度。

一种新的制度的传播或移植，不仅受既定利益格局的制约，而且还受相互冲突的价值观念以及意识形态等因素的制约。大量研究表明，制度移植能否成功很大程度上取决于制度输入国的环境以及对制度移植的认可度。

(二) 制度移植与制度环境和制度配套（制度的互补性）

1. 制度环境决定、影响其他制度安排

所谓制度环境，是指一系列用来建立生产、交换与分配基础的政治、社会和法律基础规则。例如，支配选举、产权和合约权利的规则就是构成经济环境的基本规则。类似于“基础性制度安排”（fundamental institutional arrangement），制度环境是一国的基本制度规定，它决定、影响其他的制度安排。

2. 制度移植要有相应的制度环境与之配套

（1）制度移植需要配套。从计划经济转向市场经济，引进了市场经济机制，还需要一种使理性人追求最大化收益的制度保障。在制度移植过程中，这种制度保障可以看成是所引进的新制度安排的制度环境和相应的配套制度。

（2）制度配套使用才有效是新制度经济学的一个命题。从制度互补和配套的角度来看，最有效的制度安排是一种函数，尤其是制度结构中其他制度安排的函数。引进制度扩大了制度选择集合的选择范围，但制度引进面临着一个“配套”的问题，某一制度在国外可能很先进，但引进本国可能并不适用。制度移植可能比技术移植更困难，因为一个制度安排的效率极大地依赖于其他有关制度安排的存在。

已经移植过来的制度安排要实现其功能，则需要作更大的适应性调整。有些制度规范是植根在一定文化土壤基础之上的，如果这些制度规范离开了其相应的文化土壤就很难有效了。因此，制度引进在扩大制度选择集合的同时也要考虑到相应的制约因素。

（三）制度移植与资产的专用性

（1）制度的专用性性质是形成发达国家与发展中国家差距的重要原因。在当今经济一体化的世界里，当资本、技术、劳动力、信息等能在世界更自由流动时，作为经济发展的制度因素却难以转移，这是因为其具有专用性质（asset specificity）。即使发展中国家能强制性地照搬发达国家的某一制度，但这种制度移植往往变形，甚至低效，有的还比不上原有的制度。

（2）资产的专用性质的基本含义：是交易费用经济学在研究交易—协约—经济组织体制时常用的基本概念。资产的专用性质是在对协约关系的考察中引申出来的，其基本含义是：有些投资一旦形成某种资产，就很难再重新配置使用，除非它们在转移配置中遭受重大的经济价值损失。

（3）资产专用性分类：①资本设备本身的专用性，它由技术决定。②因地理位置等自然条件形成的专用性，例如资产选址所形成的特定性。③特殊人力资本的专用性。

因此，在考察交易—协约关系时，必须注意投入协约实施有关的资产是否可以转移配置这种性质。其实，制度作为一种特定资源、“资产”，也存在资产的专用性质问题。这个概念有助于分析发达国家与发展中国家差距中的深层次问题。

（四）制度移植与正式规则、非正式规则

1. 制度移植中的正式规则和非正式规则的关系

新制度经济学家认为，正式约束只有在社会认可，即与非正式约束相容的情况下，才能发挥作用。按照诺思的分析，市场经济的演化或经济制度的变迁是由三个因素共同决定的：正式规则；非正式约束；其执行和实施的特征。

移植正式规则需要非正式规则的支持。在制度移植过程中，正式规则较容易和快速获得，但仅仅引进经济市场和政治市场的正式规则还不能实现成功的制度移植。例如前苏联和东欧。非正式约束也即非行为规范的改变需要一个长期的过程。正式约束与非正式约束是相互联系、相互制约的。移植正式规则需要非正式规则的支持，并为正式规则提供合法性。

2. 在某种意义上讲，非正式规则比正式规则更重要

有利于短期经济增长的非正式规则也能够促进长期的经济增长，即便其政治体制不十分有效，却仍然可以促进经济的长期增长。在某种意义上讲，一方面，非正式规则比正式规则更重要，因为非正式规则占社会规则的绝大多数，不少正式规则“脱胎”于非正式规则，或者说，一国正式规则的完善受非正式规则的制约；另一方面，非正式规则的变化要比正式规则的变化缓慢得多、艰难得多。我们可以在一夜之间作用引进的正式规则（如颁布新法律等），但是我们无法在短期内改变非正式规则。

改革以来，我国不少正式规则的制定参考了国外发达的市场经济国家的经验，移植了一些正式规则，这些规则在国外很有效，但是在中国行不通。一些正式规则公布以后或者流于形式，或者执行中变形，或者根本无法实施（如我国筵席税）。这种现象产生的根本原因就在于这些引进的正式规则与现行的非正式规则是矛盾的。

三、发展中国家制度移植的绩效问题

（一）发展中国家制度移植低效的两种情况

现在国外理论界有一种观点，发展中国家从发达国家的制度移植除了少数有效以外，大多是低效的。关于发展中国家从发达国家制度移植的低效问题主要有两种情况：有些移植制度的效率相对于发达国家来讲效率是低效的；移植的制度相对发展中国家原来的制度来讲是低效的。

（二）相对发达国家产生低效的原因分析

1. 从制度内在构成来看，正式约束与非正式约束的矛盾

发展中国家在制度移植过程中，改变了正式约束与持续的非正式约束之间的紧张程度，对经济变化的方向有着重要的影响。进行制度变迁的国家总想尽快通过改变正式规则实现新旧体制的转轨（如从计划经济体制转向市场经济体制），但这种正式规则的改变在一定时期内，可能与持续的非正式约束并不相容，即出现了“紧张”。这种紧张程度取决于改变了的正式规则与持续的（或传统的）非正式约束的偏离程度。因此，国外再好的正式规则，若远远偏离了土生土长的非正式规则，也是“好看不中用”。适用的制度才是最好的制度。

2. 从制度的层次来看，存在制度环境与制度安排的矛盾

（1）在宪政秩序没有大的变化的情况下，仅仅移植次级制度不一定有效。从制度的层次看，发展中国家可能偏向于移植次级制度而不改变基础性制度。如一些国家在宪政上与发达国家并不一样，或者有较大的差异，移植的仅仅是次级制度。这两者会产生一些矛盾。有效的市场经济模型的建立应预备的条件：①需要一个交易成本较低的有效的经济市场；②需要一个有效的政治市场来界定和执行市场经济的产权安排；③需要经济市场与政治市场之间的协调（诺思，1998）。

（2）宪政规则改变的短期效应与长期效应的不一致成为发展中国家愿意移

植次级制度原因之一。，宪政规则的改变对一个国家的经济社会影响是全方位的，其中一个突出问题是，宪政规则改变对经济绩效的长期效应和短期影响并不总是一致的，如，在法国，宪政秩序形成始于法国大革命，持续了大约一个世纪。法国大革命对经济的短期影响是灾难性的。但是，从旧制度到新宪政秩序漫长转轨过程中出现的拿破仑法典和许多其他制度及政策对于法国的经济发展具有长期的正面效应。这次转轨连同英国、法国、其他欧洲大陆国家和美国之间的竞争，导致了西欧大陆经济发展的跳跃，在19世纪的后半叶超过英国（萨克斯等，1999）。

（3）一些发展中国家可能在宪政制度上移植了发达国家的宪政，但是与之相适应的制度安排，或者经济基础并不配套，这也会产生基础性制度与制度安排的矛盾。在许多国家，政治制度存在着系统性差异，而制度移植是理解其差异的关键。在宪政设计上，根据哈耶克的观点有两种方式，一是英国的普遍法思想，即司法独立；二是美国式的政府间相互制衡思想。一般而言，司法独立的宪制与高度的政治和经济自由相关，而权力制衡宪制与高度政治自由相关，但却对经济自由有较大限制。在这种宪政格局下，一些发展中国家可能在宪政上改变了，但与此适应的制度安排还严重滞后，也可能导致制度移植的低效。

3. 制度移植往往是一部分或局部的，制度的效果往往还取决于整体及其制度环境

发展中国家的很多制度都从移植中形成，而不是根据当地情形作出的有组织的反应。许多研究表明，制度移植能否成功很大程度上取决于制度输入国的环境以及对制度移植的认可度。

（1）一个较普遍的现象是发展中国家容易从发达国家移植相应的经济制度或体制，但不容易从发达国家移植政治制度或体制。因为后者涉及统治者的利益、权力等。制度移植本身可能就是效率低下的原因，如把在中等收入国家和发达国家中运行良好的制度移入不同的政治和经济环境里，导致这些制度被滥用或被破坏之后，所产生的结果只能是专制和腐败。这表明，经济体制和政治体制本身具有内在的一致性，如果割离开政治与经济体制，仅仅移植经济制度就有可能导致低效。

（2）制度的移植效率与殖民定居者生存率相关。阿塞莫格勒等指出不同殖民地的殖民定居者面临不同的生存率，而殖民定居者总试图移植和发展其制度，并与当地的环境相适应。这样生存率高的殖民地的制度效率就高。这就是说，制度是与人文环境并存的，制度的外生影响或移植是否成功，在很大程度取决于是否移植了人，正是这些殖民定居者带入、继承和发展了其母国的法律制度，并使其在国外有效运行。这也正是美国、加拿大、澳大利亚等国制度移植有效，而定居者较少的国家制度缺乏效率的重要原因。

(3) 适应性效益是经济增长的关键性因素，而配置性效益则不是（诺思）。配置性效率是短期经济增长的标准，适应性效益则有利于经济体制的演化，并在演化过程中形成促进经济的长期增长的经济、政治、法律体制框架。然而适应性效益只能被观察到，却不知道是如何创造出来的，即只能通过长期观察看到过程演化的结果。

(4) 制度的实施成本过高。发展中国家在从发达国家移植制度的时候降低了制度规划设计的成本，但是由于没有考虑到制度的实施成本及技术支撑条件，这也是制度移植出现低效的原因之一。

(三) 制度移植效率的提高

发展中国家要提高制度移植的效率必须要做到：

(1) 要注重制度环境的完善，尤其是加快政治体制改革的步伐；

(2) 要注重非正式规则的完善及文化建设，要注重观念的转变；

(3) 要注重制度移植的配套性和适应性研究，尤其要打破利益集团在制度移植过程中加上自己的所谓“创新”之说。

基本概念

经济增长　制度差异　制度移植　资产的专用性

思考：

1. 刘易斯如何看待制度变迁在经济增长中的作用？
2. 在新制度经济学家看来，制度变迁是如何决定经济增长的？
3. 如何认识“李约瑟之谜”？
4. 如何认识发展中国家贫困落后的原因？
5. 比较制度变迁与技术变迁的差异。
6. 政治文化制度与经济发展的关系是什么？

参阅文献

1. 勒帕日：《美国新自由主义经济学》，北京大学出版社 1981 年版，第 1 章。

2. 诺思：《经济史中的结构变迁》，上海三联书店 1994 年版，第 1、6、7、8、12 章。

3. 刘易斯：《经济增长理论》，商务印书馆，1983 年版，第 1、3 章。

4. 诺思、托马斯：《西方世界的兴起》，华夏出版社 1999 年版，第 1、10—12 章。

5. 林毅夫：《李约瑟之谜：工业革命为什么没有发源于中国》，载于《制度、技术与中国农业发展》，上海三联书店 1994 年版。

参考书目

1. （美）R. 科斯：《企业、市场与法律》，上海三联书店，1990 年。
2. （美）道格拉斯·C. 诺思：《经济史中的结构与变迁》，上海三联书店，2003 年。
3. （法）克劳德·梅纳尔编：《制度、契约与组织——从新制度经济学角度的透视》，经济科学出版社，2003 年。
4. （美）迈克尔·迪屈奇：《交易成本经济学》，经济科学出版社，1999 年。
5. （冰）思拉恩·埃格特森：《新制度经济学》，商务印书馆，1996 年。
6. （美）奥利弗·E. 威廉姆森：《资本主义经济制度——论企业契约与市场签约》，商务印书馆，2002 年。
7. 埃瑞克·G. 菲吕博顿、鲁道夫·瑞切特编：《新制度经济学》，上海财经大学出版社，1998 年。
8. 柯武刚、史漫飞：《制度经济学》，商务印书馆，2000 年。
9. R. 科斯、A. 阿尔钦、D. 诺思等：《财产权力与制度变迁——产权学派与新制度学派译文集》，上海三联书店？2003 年。
10. 道格拉斯·C. 诺思：《经济史中的结构与变迁》，上海三联书店，2003 年。
11. 道格拉斯·C. 诺思：《西方世界的兴起》，学苑出版社，1988 年。
12. 青木昌彦：《比较制度分析》，上海远东出版社，2001 年。
13. 青木昌彦，奥野正宽：《经济体制的比较制度分析》，中国发展出版社，1999 年。
14. 理查德·R. 纳尔逊、悉尼·G. 温特：《经济变迁的演化理论》，商务印书馆，1997 年。
15. 盛洪主编：《中国的过渡经济学》，上海三联书店、上海人民出版社，1994 年。
16. V. 奥斯特罗姆等编：《制度分析与发展的反思—问题与抉择》，商务印书馆，1996 年。
17. （美）詹姆斯·A. 道等编著：《发展经济学的革命》，上海三联书店，2000 年。
18. 曼库尔·奥尔森：《国家的兴衰探源——经济增长、滞胀与社会僵化》，商务印书馆，1999 年。
19. 巴泽尔：《产权的经济分析》，上海三联书店，1997 年。
20. 费方域：《企业的产权分析》，上海三联书店，1998 年。
21. （美）道格拉斯·C. 诺思：《制度、制度变迁与经济绩效》，上海三联书店，1994 年版。
22. （美）哈罗德·德姆塞茨：《所有权、控制与企业——论经济活动的组织》，经济科学出版社，1991 年 1 月版。
23. （美）科斯、哈特、斯蒂格利茨等著：《契约经济学》，经济科学出版社，1999 年 3 月版。
24. 《经济解释》（《张五常经济论文选》），商务印书馆，2000 年 11 月版。
25. 林毅夫：《再论制度、技术与中国农业发展》，北京大学出版社，2000 年 1 月版。

后　记

本书是我多年学习新制度经济学的一个总结。制度既给我们提供行为规范（游戏规则），又给我们带来效率。这是制度的两大功能。中国从计划经济走向社会主义市场经济的大趋势是不可逆转的，党的十八大三中全会决定要让市场在资源配置中起决定性作用就是证明。从计划经济走向社会主义市场经济实质上是一个制度的替代和转换过程。社会主义市场经济是中国通向繁荣之路。市场经济是与社会分工、排他性产权制度、有效的经济组织形式（企业等）以及较完善的制度规范联系在一起的。包括：①法律和秩序；②一种稳定的货币；③财产法和财产权；④合同法；⑤支配交换的法律；⑥公共领域转让到私人手中的法规；⑦公共物品的提供；⑧人力资本（劳动）的提供与控制；⑨分担风险（国际经济增长中心。V. 奥斯特罗姆、D. 菲尼、H. 皮希特编：《制度分析与发展的反思——问题与抉择》，商务印书馆 1992 年版，第 26 页。）我认为：

1. 国家应该对有效的产权制度负责

纵观当今世界，凡是发达的市场经济国家，都建立了有效率的产权制度。产权制度是各项制度的基础，这既是新制度经济学的观点，也是马克思经济学的基本观点之一。制度经济学强调：公正和实行所有权应该是政府提供的一种“公共产品”。在新制度经济学家看来，老百姓交税给政府就是用来交换政府对所有权的严格规定和实施。换言之，公正和实行所有权是国家的基本职能之一。有效的所有权制度是经济增长的源泉。但遗憾的是，正如诺思所说，历史和当代世界的实际表明，无效率的产权是常态而不是偶然。

2. 中国社会主义市场经济体制建立的关键在于产权制度的改革

我国现在的一些问题大多与产权有关。三公款消费问题，房子问题，权钱交易问题，寻租问题，腐败问题等，哪一项与产权无关呢？社会主义市场经济的效率并不是来自集贸市场的“自由”和交易场所的“豪华”，而是来自于背后的制度，来自于有效的“竞赛规则”。这类竞赛规则并不是“一纸文书”，并不是各种外来的规章制度的简单相加，而是多种利益主体经过平等的多重博弈后的结